KB102079

HERO

HERO

Rhonda Byrne

살림

HERO

Korean Language Translation copyright © 2015 by SALLIM PUBLISHING CO. LTD

copyright © 2013 by Making Good LLC. THE SECRET text mark and THE SECRET logo are registered trademarks of TS Production Limited Liability Company.

www.thesecret.tv
All Rights Reserved.

Published by arrangement with the original publisher, Atria Books, a Division of Simon & Schuster, Inc. through EYA (Eric Yang Agency)

All rights in and to the copyrights and trademarks in the Work are retained exclusively by Proprietor for its sole use. Publisher shall use said copyrights and trademarks only as permitted hereunder and not for any other purpose or publication.

The information contained in this book is intended to be educational and not for diagnosis, prescription, or treatment of any health disorders or as a substitute for financial planning. This information should not replace consultation with a competent healthcare or financial professional. The content of this book is intended to be used as an adjunct to a rational and responsible program prescribed by a healthcare practitioner or financial professional. The author and publisher are in no way liable for any misuse of the material.

Artwork concept and art direction by Nic George for Making Good LLC.
Book layout and design by Gozer Media P/L (Australia), www.gozer.com.au, directed by Making Good LLC.

Excerpt from ILLUSIONS: THE ADVENTURES OF A RELUCTANT MESSIAH by Richard Bach, copyright © 1977 by Richard Bach and Leslie Parrish-Bach. Used by permission of Delacorte Press, an imprint of The Random House Publishing Group, a division of Random House LLC. All rights reserved.

Excerpts from COPY THIS! by Paul Orfalea, copyright ©2005 by The Orfalea Family Foundation. Used by permission of Workman Publishing Co., Inc., New York. All rights reserved.

이 책의 한국어판 저작권은 EYA(Eric Yang Agency)를 통해
Atria Books, a division of Simon & Schuster, Inc. 와
독점계약한 (주)살림출판사에 있습니다.
저작권법에 의하여 한국 내에서 보호를 받는 저작물이므로 무단 전재와 복제를 금합니다.

ISBN   978-89-522-3164-2 (03320)

"당신이 지구에 온 소명을 다 했는지 못 했는지 알 수 있는 기준은
단 하나다. 당신이 살아 있다면 아직 그 소명은 끝나지 않았다."

리처드 바크

『기계공 시모다』

모든 히어로에게 바친다.

감사의 말

프로젝트를 하나씩 새롭게 시작할 때마다 저마다의 여정이 펼쳐진다. 이 여정은 아이디어라는 하나의 씨앗에서 시작되어서 세상에 최종적인 창작물을 내놓기까지 그것만의 독특한 길을 펼쳐나간다. 나는 이 여정을 경험하는 동안 얻게 된 예기치 못한 우여곡절, 놀라움, 흥분, 기쁨 등의 황홀한 전율을 뜨겁게 사랑한다. 그런데 지나온 여정을 돌아보니, 무엇보다도 프로젝트가 세상에 나올 수 있도록 도움을 준 분들이 셀 수 없이 많아 겸손한 마음이 앞선다. 『히어로』를 만드는 여정은 시작부터 끝까지 기쁨이 충만했다. 이 특별한 책이 당신의 손에 전해지도록 해준, 다음의 놀라운 능력을 발휘해준 분들에게 감사의 말을 전하고 싶다.

전 세계 각지에서 나를 찾아와 자신의 경험을 들려줌으로써 다른 이들에게 영감과 희망을 준, 그리하여 나로 하여금 그들과 함께 일하는 영광을 누리게 해준 『히어로』의 기고자들 ─ 리즈 머리, 피터 포요, 존 폴 드조리아, 아나스타샤 소아레, 마이클 액턴 스미스, 피터 버워시, 매스틴 킵, G.M. 라오, 피트 캐롤, 레어드 해밀턴, 레인 비슬리, 폴 오팔리어 ─ 에게 감사의 마음을 전한다. 『히어로』가 그저 하나의 아이디어에 불과했을 때 나를 믿고 망설임 없이 귀한 시간을 내주고 『히어로』의 비전과 가능성을 알아봐준, 여러분에게 감사한다.

기고자들에게 매우 중요한 도움을 준 그들의 멋진 파트너들에게도 고마움을 표한다. 이들은 기고자의 재단이나 자선단체에 소속된 대단한 사람들이었다. 『히어로』의 일부가 되어주고, 당신들의 위대한 일이 강조되게끔 허락해주어 감사한다. 특히 마이라-알레한드라 가르시아, 루카 카프, 부바나 차크라바르티, 하이메 대번, 매건 맥그레스, 타마라 아자에게 감사한다.

'시크릿' 팀원인 스카이 번과 폴 해링턴에게 감사한다. 이들은『히어로』의 뼈대를 세우는 과정에서 나와 긴밀하게 작업하면서 기고자들의 말을 추려내는 등 엄청난 일을 해냈다. 그러면서『히어로』를 만드는 내내 천재적인 통찰력을 더해줬다. 덧붙여 내 글을 깊이 있게 이해하고 멋지게 편집해준 스카이프에게 특별히 감사의 마음을 전한다. 그녀가 이 책을 편집하지 않았더라면『히어로』는 지금과 같은 모습으로 나오지 못했을 것이다.

『히어로』프로젝트 관리,『히어로』와 기고자 연결 업무, 인터뷰 일정 관리, 모든 기고자의 재단과 연락을 취해주는 일 등으로 든든한 조력자가 되어준 글렌다 벨. 그리고 그녀와 함께『히어로』에 완벽한 기고자들을 부지런히 연결시켜준 안드레아 키어에게 감사한다.

'시크릿'을 위해 출판 작업을 맡아준 안 차일드에게도 감사한 마음을 전한다. 당신의 격려와 열정, 그리고 전 세계에서 온 출판, 그래픽, 웹사이트 팀들을 통일된 창조적 집단으로 결성하는 과정에서 보여준 당신의 지칠 줄 모르는 노력에 감사한다.

'시크릿'의 크리에이티브 디렉터 닉 조지. 먼저『히어로』를 위해 아름다운 그림을 그려주고 예술적이고 독창적으로 작업해준 점에 대해, 그리고 내가 당신의 그래픽 작업에 부끄럽지 않은 글을 쓸 수 있도록 계속 영감을 준 데에 감사한다. 고저미디어에서 일하는 우리 그래픽 팀원들, 샤무스 호아레, 애나 바이스에게도 또다시 헌신과 재능을 보여준 점에 감사한다.

『시크릿』과 나를 지원해준 아트리아 북스와 사이먼 앤 슈스터의 출판팀. 캐럴린 레이디, 주디스 커, 데니스 율라우, 달린 드릴로, 나를 이끌어준 편집자

새러 브래넌, 리사 케임, 에일린 에이헌, 폴 올세프스키, 짐 티엘, 다니엘라 웩슬러, 교열 담당자 이졸데 사우어와 킴벌리 골드스타인에게도 감사한다.

매일 함께 일하는 축복을 안겨준 시크릿 팀 구성원들. 도널드 지크, 로리 샤라포브, 마크 오코너, 조시 골드, 나의 비서 질 넬슨, 코리 조한싱, 피터 번, 체리, 마시 콜턴-크릴리에게 감사한다.

그린버그 글러스커사(社)의 법무팀 보니 에스케나지와 애런 모스에게 감사한다. 멍거 톨스의 브래드 브라이언에게 무한한 감사의 뜻을 전한다. 아울러 홍보를 맡고 있는 에델만사(社)의 로라 리브와 그 팀에게도 감사한다.

내 삶에서 매우 소중한 존재이자 내가 작업하는 동안 계속 나를 지원해주고 기운을 북돋워준, 친구들과 가족에게 깊은 사랑과 감사를 전한다. 그리고 나의 멋진 부모님에게도 감사한다. 당신들은 정말 최고다.

물질세계에 알려진 것을 넘어서 답을 찾으라고 나를 일깨워준 나의 딸 헤일리, 그리고 그녀의 완벽한 창조물인 사반나 번-크로닌에게 감사한다. 케빈 "키드" 맥케미, 아름다운 오쿠 덴, 폴 크로닌, 지속적인 영적 지도와 지혜를 베풀어준 엔젤 마틴 발레이요스에게 감사한다.

『히어로』의 아이디어는 어느 날 저녁 섬광 같은 통찰이 갑자기 내게 떠오르면서 비롯됐다. 아주 특별한 프로젝트를 진행하도록 내게 영감을 주고, 이 프로젝트가 지구 행성에서 만들어지는 여정의 매 단계를 통해 나를 이끌어준, 우주와 우주정신에 지극한 감사의 뜻을 표한다.

목차

서론

이 책은 어떤 이야기에 관한 것이다. 나의 삶을 바꾸어놓은 이야기, 역사를 거쳐오는 동안 다른 많은 인간의 삶을 바꾸어놓은 이야기에 관한 것이다. 이 이야기는 시간이 시작된 이래로 계속 전해져왔다. 세계 각 문화와 국가에 따라 이야기의 형태는 다르지만 본질은 언제나 같았다. 이 이야기는 지구 행성에서 용감한 여정을 떠난 히어로에 관한 것이다.

지구는 더할 나위 없이 아름다운 행성이다. 광활한 바다, 산, 정글, 숨 막힐 듯 아름다운 해안, 시원하게 펼쳐진 평원, 장관을 이루는 다양한 동물과 생물로 가득하다. 자연의 아름다움 외에도 이 행성에 사는 인간들이 경험하는 온갖 기쁨이 있다. 하지만 히어로들이 이미 발견했듯이 지구에 사는 모든 인간에게 삶은 만만치 않다. 어린아이에서 사춘기, 성인, 마지막에는 노년에 이르기까지 성장은 고통을 동반한다. 육체적 고통과 빈곤, 슬픔을 경험하며 결국에는 모든 사람이 죽음에 이른다.

지구 행성에는 고통과 기쁨 두 가지가 모두 있다. 이 아름다운 세상은 이중적인 세계이며, 반대되는 것들로 이뤄진 세계이기 때문이다. 모든 것에는 반대되는 면이 있다. 빛과 어둠, 가까운 것과 먼 것, 위와 아래, 왼쪽과 오른쪽, 뜨거운 것과 차가운 것 같이 반대되는 측면을 우리는 일상에서 경험한다. 친구가 있는가 하면 적이 있고, 사랑에 빠지는가 하면 사랑이 식기도 하며, 안전과 불안, 부와 빈곤, 기쁨과 절망이 있다. 모든 인간에게는 긍정적인 면과 부정적인 면이 있다. 지구에는 모든 것에 정반대되는 다른 존재가 있다.

당신이 오고자 했던 세계는 커다란 기쁨과 사랑, 엄청난 도전과 고통의 가능성이 동일하게 존재하는 이 지구였다. 매우 아름다우면서도 도전적인 이곳에서 모험적인 삶을 경험하고자 했던 이도 당신이다. 아무리 커다란 어려움도 당신 안에 있는 히어로를 발견하지 못하도록 가로막지는 못할 것이라며 결연한 의지를 다졌던 사람도 당신이다. 히어로의 여정을 떠나고자 했던 사람도 바로 당신이다. 왜냐하면 당신은 이 이야기의 히어로이기 때문이다.

당신이 아무 준비도 하지 않은 채로 히어로의 여정을 시작하는 것은 아니다. 꿈이 무엇인지 깨닫고 그것을 실현해가는 과정에서 마주할 모든 시련, 장애, 도전을 극복할 수 있는 한없이 강한 능력을 당신은 이미 갖추고 태어났다. 하지만 당신이 지구 행성의 제한적인 물질세계에 태어나는 과정에서 당신의 정신과 의식은 제한됐다. 다시 말해서 자신의 진정한 본성을 기억하지 못하고 내면에 숨어 있는 강한 능력을 기억하지 못하게 됐다는 뜻이다. 당신은 이제 스스로 그 능력을 발견해야 한다.

히어로의 여정을 완수하고, 당신이 가진 최고의 인간적 특성들이 내면에서 깨어났을 때에 당신은 마침내 히어로가 될 것이다. 그러고 나면 새로운 목적이 당신의 마음을 사로잡을 것이다. 그 목적은 바로, 당신이 히어로가 되는 과정에서 발견한 모든 것을 바탕으로 이제 막 히어로의 여정을 시작하는 다른 사람들을 돕는 일이다.

이제 당신이 만나게 될 사람들은 이미 자신이 가야 할 히어로의 여정을 시작한 이들이다. 그들은 당신이 히어로의 여정을 시작하도록 돕고자, 전 세계에서 와서 자신들의 이야기와 모든 경험을 들려준다.

리즈 머리 – 미국

리즈 머리는 마약중독자인 부모에게서 태어나 뉴욕 시에서 가난하게 살았다. 10대 때 어머니가 죽고 아버지가 보호소로 보내진 뒤 그녀는 하루아침에 노숙자가 됐다. 리즈는 학업도 마치지 못했다. 계단통에서 잠을 잤으며 살아남기 위해 가게에서 음식을 훔쳐 먹었다. 그런데 바로 이때 하버드 대학교에 들어가겠다는 꿈이 싹텄다. 4년 뒤 리즈는 그 꿈을 실현했고, 여기서 더 나아가 자신의 이야기를 사람들에게 들려줌으로써 베스트셀러 작가가 됐다. 지금은 사람들에게 동기부여를 해주는 세계적인 인기 강사 중한 명이 됐다.

G.M. 라오 – 인도

G.M. 라오는 전기도 전화도 없는 인도의 작은 마을에서 자랐다. 그 마을 사람들은 줄을 서서 물자 배급을 받아야 했다. 라오는 중학교 입학시험에 첫 도전을 했다가 실패했다. 하지만, 언젠가는 작은 사업을 하면서 멋진 집에서 안정적으로 살기 위해 자기 사업을 시작하고 싶다는 희망을 품었다. 운

좋게도 그는 자신에게 찾아오는 기회를 늘 열린 마음으로 대했다. 황마 공장으로 첫 사업을 시작한 라오는 점차 사업을 확장시켜나갔고, 그의 제국은 오늘날 마침내 발전 장치, 공항 및 고속도로 개발, 도시 개발 사업 등을 망라하는 규모로 성장했다.

레어드 해밀턴 – 미국

레어드 해밀턴은 하와이의 어느 결손 가정에서 태어났다. 사람들에게 배척과 차별을 당한다고 느끼면서 빨리 어른이 되어야 한다고 깨달은 그는, 다른 서퍼들이 한 번도 가지 않은 곳으로 가서 서퍼로서 자신의 존재를 증명하려고 했다. 물속과 물 밖에서 이루어진 익스트림 스포츠에 빠져든 그는 여러 번 부상과 골절상을 입었다. 바다에서 수없이 길을 잃기도 했다. 하지만 가능성의 한계를 깨뜨리고자 하는 꿈을 지금까지도 되새기며, 세계에서 가장 큰 빅웨이브 서퍼 중 한 명이 됐다.

아나스타샤 소아레 – 루마니아

아나스타샤 소아레와 그녀의 가족은 냉전 시대가 한창 진행 중일 때 더 나은 삶을 찾기 위해 공산주의 국가인 루마니아에서 도망쳐 나왔다. 그녀는 무일푼에 영어도 제대로 못 하는 상태로 로스앤젤레스에 도착해, 미용실에서 하루 14시간씩 일했다. 그런 식으로 일을 계속하는 한 삶에 아무런 변화도 생기지 않을 것을 깨달은 아나스타샤는 비벌리힐스에서 자신만의 사업을 시작하기로 결심했다. 그녀는 눈썹 모양을 다듬는 자기만의 방법을 사업화하면서 곧바로 성공을 거뒀다. 시간이 흐르면서 그녀의 사업은 전국으로 뻗어나가 세계적 제국으로 탈바꿈했다.

폴 오팔리어 – 미국

폴 오팔리어는 심한 난독증과 주의력결핍 과잉행동장애로 학창 시절을 힘겹게 보냈다. 그는 비록 글을 읽을 줄 몰랐지만, IBM보다 더 큰 회사를 세우겠다는 야망을 품었다. 그는 자신이 문맹이라는 약점을 극복하기 위해 모든 사물을 날카롭게 볼 필요가 있다고 느꼈다. 그러던 어느 날, 그는 기다리느라 길게 줄을 서 있다가 이 예리한 관찰력 덕분에 어떤 발견을 하게 된다. 그것은 바로, 싼 값에 인쇄와 인화가 가능한 곳이 생기면 대박이 나리라는 것! 이 하나의 아이디어에서 킨코스가 탄생했다. 마침내 킨코스는 10억 달러 규모의 복사 전문 회사로 성장했다.

피터 버워시 – 캐나다

젊은 시절 아이스하키 선수로서 명성을 떨쳤던 피터 버워시는 심각한 충돌 사고를 당한다. 그 사고로 그는 하반신이 마비된 채 빙판에 누워 있어야만 했다. 그는 그 자리에서 걸어 나갈 수 있게 된다면 영원히 아이스하키를 그만두겠다고 맹세했다. 그로부터 꼭 한 시간 뒤 자리에서 일어날 수 있게 된 피터는 자신의 맹세를 지키기 위해 가방을 쌌다. 그러고는 테니스 선수의 길로 들어섰다. 그는 테니스 선수로서 한 번도 상위권에 오른 적이 없지만, 계속 진일보해나가 역사상 가장 존경받는 테니스 코치 중 한 명이 됐다. 그리고 마침내 세계에서 가장 큰 테니스 매니지먼트 회사를 세웠다.

매스틴 킵 – 미국

매스틴 킵은 미국 음악 산업에서 최연소 이사로 발탁될 정도로 성공을 눈앞에 두고 있었다. 하지만 약물과 음주 문제가 심각해지면서 급기야 그의 생애에서 가장 충격적인 일을 당했다. 회사에서 해고된 것이다. 물질적으로 모든 것을 잃었지만 지혜를 얻게 된 매스틴은 다른 모습으로 변신을 꾀했다. 이후 빠른 성장을 거듭하는 자신의 웹사이트, 이메일, 트위터 계정, 『데일리 러브』 등을 통해 영감을 주는 블로거이자 저자가 됐다.

피트 캐롤—미국

피트 캐롤은 살면서 딱 한 가지 일을 하겠다고 꿈꿨다. 프로 스포츠 선수가 되는 일이었다. 하지만 북아메리카 프로 미식축구 리그에서 성공을 거두지 못함으로써 이 꿈은 하루아침에 끝나고 말았다. 이로 인해 피트는 자신이 가진 기술로 삶에서 무엇을 해야 할지 아무 생각도 하지 못하게 됐다. 그러다 이제껏 한 번도 생각해보지 않은 길이긴 해도 여전히 자신의 꿈이 실현될 수 있다는 것을 깨달았다. 그리하여 마침내 피트는 미식축구 코치가 되었다. 직업 코치로서 성적에 따라 많은 기복이 있긴 해도, 역대 미식축구 사상 전 미국인에게 가장 많은 감화를 안겨준 코치로 부상했다. 최근 시애틀 시호크스 올해의 NFC 코치 상을 수상했다.

마이클 액턴 스미스—영국

마이클 액턴 스미스는 대학 졸업 후 사실상 취업을 할 수 없다는 현실을 알았다. 그는 사업을 시작하기로 결심했지만 은행에서 자금을 얻을 수 없었다. 그래서 어머니가 그에게 1,000파운드를 빌려줬다. 이후 몇 차례 더 사업을 시도해봤지만 실패했다. 그는 파산 위기에까지 몰렸지만 자신의 아이디어가 아주 특별한 것이라는 확신이 있었다. 이후 그의 아이디어로 탄생한 '모시 몬스터스'는 그의 믿음처럼 영국을 휩쓸었고, 어린이 오락 분야에서 전 지구적인 현상으로 자리잡았다.

레인 비츨리 – 호주

레인 비츨리의 어머니는 레인의 나이 겨우 일곱 살 때 비극적인 죽음을 맞았다. 그 후 오래지 않아 레인은 자신이 아기 때 입양된 사실을 알게 됐다. 레인은 상실감과 버려졌다는 아픔에 대처하기 위해 세상에 자신의 가치를 증명해 보일 목표를 세웠다. 그 목표는 바로 세계 챔피언 서퍼가 되겠다는 것이었다. 레인 비츨리는 한 번도 아니고 무려 일곱 차례나 세계 타이틀을 거머쥐었다. 그리고 지구에서 가장 위대한 여성 서퍼가 됨으로써 목표를 이뤘다.

존 폴 드조리아 – 미국

존 폴 드조리아 형제의 어머니는 무책임한 사람이라 자식들을 위해 일하거나 그들을 돌보지 않았다. 그런 탓에 그들은 어린 시절 4년 반을 위탁 가정에서 지냈다. 두 사람은 결국 이스트 로스앤젤레스에서 청소년 거리 갱단에 들어갔다. 존 폴 드조리아의 고등학교 교사 중 한 사람은 존 폴이 장래 아무짝에도 쓸모없는 사람이 될 거라고 악담했다. 20대가 된 존 폴이 젖먹이 아들과 차에서 생활하면서 빈 병을 주워 먹고 살아야 했을 때, 이 예언은 맞아떨어진 것처럼 보였다. 하지만 존 폴은 인생에서 뭔가를 이루기로 결심했다. 세 번이나 연이어 해고를 당한 존 폴은 단돈 700달러로 폴 미첼과 모발 관리 제품 회사를 시작했다. 이후 존 폴 미첼 시스템스는 연간 10억 달러 이상의 수익을 올리게 됐다.

피터 포요—미국

피터 포요는 근면한 미국 이주민 집안의 아이였다. 어린 시절 그는 태양열 발전으로 도시를 움직이고 이동 전화를 사용하는 테크놀로지 미래 사회를 꿈꿨다. 이후 어른이 되면서 그는 거대하고 성공적인 사업을 키워 라틴아메리카 최고의 경영진이 되겠다는 꿈을 키웠다. 다들 불가능한 꿈이라고 말했을 테지만 피터는 겨우 서른세 살의 나이에 텔레커뮤니케이션계의 거인 넥스텔 커뮤니케이션스의 회장이 됐다.

이제 내 이야기를 해보자. 나는 호주에서 보잘것없는 노동자 집안에서 태어났다. 내게는 큰 꿈이 있어도 이뤄지지 않을 것이라는 생각이 늘 있었다. 그래서 어린 시절에도 큰 야망 같은 것은 전혀 품지 않았다. 하지만 2004년에 '시크릿'을 발견함으로써 내 삶은 완전히 바뀌었다. 하나의 거대한 꿈이 나를 사로잡았다. 그 꿈은 내가 발견한 '시크릿'을 세계와 함께 나누겠다는 것! 마침내 2006년 다큐멘터리 「시크릿」과 책이 발매되어, 수천만 명의 인구에게 이를 선보임으로써 전 지구를 휩쓸었다.

당신이 예전의 나와 같다면, 그리고 당신에게 결코 커다란 꿈이 있을 수 없다고 생각한 탓에 한 번도 큰 꿈을 가져본 적이 없다면, 당신의 꿈이 아무리 불가능해 보일지라도 이제 당신이 떠나려는 여정에서 꿈을 이루는 데 필요한 모든 것을 발견하게 되리라고 믿어라.

이것은 당신의 이야기다. 이것은 당신의 목적이다. 당신이 지구 행성에 온 이유는 바로 이것, 즉 히어로의 여정을 떠나 당신 안에 있는 히어로를 발견하는 데 있다. 당신이 얻게 될 소중한 지혜를 갖고, 또한 당신의 강력한 능력들로 무장한 채 꿈을 실현하고, 우리 모두가 그토록 간절히 추구했던 참된 영원한 행복을 발견할 것이다. 당신이 지금 어떠한 삶을 살고 있든, 나이가 몇 살이든 꿈을 좇기에 결코 늦지 않다.

Part One
꿈

THE CALL

모험을
떠나라는 부름

모든 역경에 맞서

태어날 때부터 완벽한 삶을 사는 사람은 없다. 만일 당신이 그런 사람이라면 애써 노력해서 얻어야 할 그 어떤 것도 없을 것이며 당신 삶에서 무엇인가를 이루고 싶은 욕구도 없을 것이다. 어떤 꿈도 꾸지 않는 사람이 될 것이다. 하지만 어떤 환경에서 태어났든, 어떤 가정생활과 교육을 누리거나 누리지 못했든, 당신은 꿈을 이루기 위해 이곳에 왔다. 지금 당신은 자신이 인생의 어느 지점에 있든 꿈을 이루는 데 필요한 모든 것을 완벽하게 갖추고 있다!

아나스타샤 소아레
창업자 – 아나스타샤 베벌리힐스

나는 아무것도 없는 상태에서 시작했다. 정말, 정말로 아무것도 없는 상태에서 시작했다. 우리에겐 돈이 없었고 나는 영어도 몰랐다. 서구의 여러 나라가 어떻게 움직이는지, 그 정신세계도 경제체제도 전혀 알지 못했다. 심지어 수표 쓰는 법도 몰랐다. 루마니아에는 수표가 없었기 때문이다. 나는 말 그대로 알파벳을 배우는 것부터 시작했다.

폴 오팔리어
창업자-킨코스

2학년으로 올라가지 못하는 아이는 많지 않다. 그런데 나는 2학년으로 올라가지 못했다. 알파벳을 깨우치지 못했고 글을 읽지 못했다. 나는 항상 어려움을 겪었다. 스스로를 통제하지 못했고 너무도 충동적이었다. 결국 나는 열여섯 살에 고등학교에서 쫓겨났다.

살면서 어려운 상황에 직면할수록, 불리한 역경이 첩첩이 쌓일수록 그 곤경은 기폭제가 되어 내면에서 큰 힘이 생겨난다. 그리고 우리로 하여금 꿈을 찾아 나서게 한다.

피터 포요
회장-넥스텔 커뮤니케이션스 멕시코

나의 부모는 미국 이민자였다. 우리는 아무것도 없는 상태에서 시작했다. 바지 밑단이 내 발목 위로 껑충 올라와 있던 모습이 지금도 기억난다. 아버지는 원래 살던 나라에서 장교였지만 미국에 와서는 굴뚝청소부가 됐다.

레어드 해밀턴
빅웨이브 서퍼

나는 인종 간 갈등이 심한 환경에서 자랐다. 사람들은 타고난 내 외모 때문에 나를 싫어했다.

"나는 성공하는 데 필요한 모든 불리함을 지니고 있었다."

래리 앨리슨

오라클 공동 창업자

존 폴 드조리아

공동 창업자―존 폴 미첼 시스템스

나는 스물세 살이었고 내 아들은 두 돌 반이었으며 당시의 아내는 집을 나
갔다. 집세가 석 달이나 밀렸고, 결국 쫓겨났다. 우리는 차에서 잠을 잤
고, 먹고살기 위해 여기저기 돌아다니면서 빈 음료수 병을 주워다 팔면
서 생계를 유지했다.

성인이 되고 얼마 되지 않아 이러한 환경에 처한 존 폴 드조리아가 나중에 대
단한 성공을 거둔 모발 관리 제품 회사 존 폴 미첼 시스템스를 창립했다는 것
은 잘 믿기지 않는다. 존 폴은 자신의 삶을 이제 막 시작했을 당시에는 결코
생각할 수 없었던 인생을 스스로 창조해냈다. 지금 당신 안에도 갖추어진 자
질들을 이용하여 이러한 일을 해낸 것이다.

G.M. 라오

기계 엔지니어, 창업자―GMR 그룹

나는 제로 베이스 상태로 시작했다. 내가 살던 마을은 인구가 겨우 5,000명
밖에 되지 않는 작은 곳이었다. 전화도 전기도 없었다. 얼린 물 한 병을 나눠
마셨고 한 달치 설탕과 우유를 배급받기 위해 줄을 서야 했다.

인도에서 태어났든 호주, 미국, 프랑스, 싱가포르에서 태어났든, 시작 단계의 환경 따위가 당신이 이끌어갈 삶의 형태를 전부 규정하는 것은 아니다. 당신의 꿈을 이루는 데 반드시 필요하지만 당신에게 결여된 인간적 강점이나 자질 같은 것은 없다. 설령 겉보기에는 모든 가능성이 당신에게 불리해 보여도 당신이 원하는 사람이 되거나 원하는 일을 하는 데 필요한 모든 것이 이미 당신 안에 잠재되어 있다.

피트 캐롤
미국 프로 미식축구 리그 코치 – 시애틀 시호크스

나는 대학 미식축구 선수 생활을 마친 뒤 미국 프로 미식축구 리그와 월드 풋볼 리그 팀에 지원했다. 그러나 최종적으로 모두 탈락하고 말았다. 당시에는 정말 큰 충격에 빠졌다. 앞으로 어떻게 해야 할지 방향조차 가늠하지 못했다. 그때까지 오로지 선수 생활만을 바라보며 살아왔기 때문이다. 갑자기 내 앞에 물음이 던져졌다. 이제 뭘 하지?

피터 버위시는 아이스하키 선수 시절, 생명을 위협하는 부상을 당했다. 그 뒤 프로 테니스 랭킹이나 토너먼트 실적이 전혀 없는데도 테니스 경기 투어에 나섰다. 돈이 없었던 그는 피넛버터 한 통과 이틀 지난 막대 빵 하나를 잘게 나누어 닷새 동안 버티면서 연명했다. 피터는 테니스 연맹전에서 7년 동안이나 활동했지만 어쩔 수 없이 은퇴해야 했다. 성공의 가능성이 거의 보이지 않는 것 같았다.

피터 버워시

테니스 코치, 창업자 – 피터 버워시 인터내셔널

우리가 테니스 매니지먼트 회사를 차릴 무렵, 우리와 같은 일을 하는 다른 회사들이 16개나 있었다. 나는 돈, 재정적 지원, 테니스 신뢰도 면에서 가장 낮은 위치에 있었다. 심지어 사무실에 의자도 없어서 우리는 사무실을 열고도 처음 2년 동안은 바닥에 앉아 회의를 했다.

당신의 꿈이 실현될지 아닐지 외부 세계의 조건에 따라 결정되는 것이 아니다. 돈이 얼마나 많은지, 얼마나 교육을 받았는지, 어떤 사람들을 아는지, 심지어 당신이 얼마나 경험을 쌓았는지에 따라 결정되는 것도 아니다. 문제는 당신 안에 있는 능력을 발견하는 것이다. 그리고 이 능력을 이용할 방법을 깨달아 외부 세계에서 직면할 어떤 장애든 모두 극복해내는 게 중요하다. 성공한 사람 모두는 바로 이러한 것을 해냈으며 당신 역시 해낼 수 있다.

마이클 액턴 스미스

창업자 – 마인드 캔디

내게는 대학에서 만난 톰이라는 친구가 있었다. 우리는 함께 사업을 시작하기로 했다. 우리는 가진 돈이 많지 않았다. 대학에서 빌린 대출금도 있었다. 우리는 신문에서 본 광고를 통해 사업 시작 자금을 얻고자 했다. 새로 개발된 편두통 약의 약물 실험 참가자를 모집하는 광고였다. 좀 더 솔직하게 말하자면 그 신문 광고는 의학에 나의 신체 일부를 파는 것과 다름없는 내용이었다. 우리는 이 일에 참여했다. 그리고 각각 400파운드를 벌었다. 이 일로 어머니는 큰 충격을 받았다. 아마도 어머니가 우리 일을 매우 적극적으로 지원하게 된 이유 중 하나가 그 일 때문이었을 것이다. 어머니는 우리 두 사람에게 각각 1,000파운드를 줬다. 톰의 부모는 집의 다락방을 사용하도록 허락해줬다.

10년 전 나는 텔레비전 업계에서 성공의 사다리를 오르며 잘살고 있었다. 그러다 갑자기 엄청난 상황들이 연이어 벌어졌고 불과 몇 달 사이에 나의 모든 삶이 무너져내렸다. 나는 절망에 빠졌다. 하지만 바로 이 순간에 '시크릿'을 발견했다. 그리고 마침내 한 편의 다큐멘터리와 나의 첫 번째 책으로 탄생했다. 당신 역시, 삶이 바닥까지 모두 불타버려서 잿더미가 됐을 때조차 그 속에서 새로운 삶을 찾을 것이다.

매스틴 킵
영감을 주는 저자, 창업자-『데일리 러브』

처음 할리우드에 왔을 때 나는 음반 매니저가 되고 싶었다. 그러나 실제로 이 일은 잘 진행되지 않았다. 할리우드는 음반 사업을 하기에 유리한 환경이 아니었기 때문이다. 나는 약물과 술에 빠지기 시작했고 바닥까지 내려갔다. 불과 일주일 사이에 투자자들이 모두 빠져나가 나와 동업자는 파산했다. 설상가상으로 룸메이트도 우리에게 사흘 안에 나가라고 일방 통보했다. 더욱이 발에 통풍이 생긴 데다 허리에 무리가 왔다. 당시 만나던 여자친구와도 헤어지고 말았다. 말 그대로 일주일 사이에 내 삶은 산산조각이 난 것이다. 매우 길고 고통스런 여정이 시작됐다. 지금은 그런 여정을 걸어온 데 대해 매우 고맙게 생각하지만, 두 번 다시는 그런 여정을 되풀이하고 싶지 않다. 당시 나는 허리케인 속에 휩쓸린 기분이었다. 그때 문득 깨달았다. 이것이 신의 폭풍이라면 어떻게 될까?

리즈 머리
하버드 대학교 졸업생, 저자이자 강사

나는 많은 일이 한꺼번에 일어나는 시기를 겪었다. 순식간에 내 곁에 아무도 남지 않게 됐다. 어머니는 돌아가셨고 아버지는 격리되어 보호소에서 지내야 했다. 살아 있었더라면 아마도 나의 가장 중요한 수호천사가 되었을 삼촌도 갑자기 세상을 떠났다. 나는 결국 노숙자가 됐다. 내가 가진 모든 것이 하루아침에 사라졌다. 삶이 더 나쁜 방향으로 바뀔 수 있다면 어쩌면 더 나은 방향으로도 바뀔 수 있을 것이라고 느꼈던 기억이 난다. 분명 삶은 순식간에 바뀔 수 있기 때문이다.

인생은 때로 매우 험난한 상황을 만들기도 한다. 리즈 머리의 경우처럼. 하지만 바로 이런 험난한 상황 덕분에 리즈는 뉴욕 시의 거리를 떠나 하버드 대학에 입학해야겠다는 불타는 욕망을 갖게 됐다. 뭔가 특별한 존재가 되거나 특별한 일을 해야겠다는 뜨거운 욕망을 발견할 때, 당신은 겉으로 보기에 불가능할 것 같은 상황이나 한계를 뚫고 나가는 강한 힘을 발견한다.

당신의 꿈을 깨달음으로써 당신 안에 들어 있는 위대한 힘을 깨달을 것이다. 위대한 힘은 태어날 때부터 입에 물고 나오는 은 순가락이 아니다. 그 위대한 힘은 당신의 꿈을 추구하고 당신 안에 있는 히어로를 깨닫는 것이다.

당신의 소명

이 세상에 태어났거나 언젠가 태어날 모든 개인은 저마다 고유한 재능이나 능력을 갖고 태어난다. 당신과 관련된 이 특별한 것이 바로 당신의 소명이다.

이 특별한 것을 갖지 않고 태어나는 인간은 단 한 명도 없지만 많은 사람이 자신의 소명을 발견하지 못하거나 소명을 이루지 못한 채 살아갈 것이다.

당신의 소명이란 삶에서 다른 어떤 것과도 비교할 수 없을 만큼 강하게 당신을 움직이는 힘이다. 당신의 마음을 이끄는 어떤 암시이며, 당신이 열정을 품는 어떤 의지다. 또한 이 일을 할 때 당신 안에 기쁨이 가득 차고 당신의 마음은 불타오른다.

사업이나 운동, 일, 경력에서 뭔가를 이루고자 하는 불타는 욕망이 당신만의 특별한 소명이 되기도 한다. 심지어 취미가 특별한 소명이 되기도 한다. 취미가 당신의 소명을 알려주는 하나의 단서일 수 있다. 취미란 당신이 열정을 품는 일이며 당신이 시간을 내어 추구하는 일이기 때문이다. 수많은 사람들의 취미가 큰 꿈으로 바뀌었고 이 꿈이 큰 회사로 발전했다.

마이클 액턴 스미스

나는 어릴 때부터 늘 게임을 좋아했다. 나는 노는 것을 좋아했다. 놀이는 인간으로 살아가는 데 매우 중요한 부분 중 하나라고 생각한다. 그런 까닭에 나는 게임 회사를 경영하면서 게임을 기획하고 사람들을 즐겁게 하는 큰 꿈을 꾸고 있다.

피트 캐롤

나는 열세 살 때부터 캠프나 그 비슷한 활동에서 코치를 맡아왔다. 하지만 그것을 내가 미래에 하게 될 어떤 일과 연관 지어 생각해본 적이 한 번도 없었다. 대학원에 다시 갔을 때 마침 퍼시픽 대학교에서 코치 제안이 들어왔다. 그제야 한 발 물러서서 이런 생각을 했다. "그래, 이 일은 내가 미식축구 경기 주변에서 할 수 있는 일이야." 코칭을 향해 첫걸음을 내디딘 때는 바로 그때였다.

당신이 도저히 할 수 없는 일이라고 여겼거나 될 수 없는 존재라고 생각했던 일들 중 백일몽처럼 꿈꿔온 것이 있다면, 그것이 당신의 소명일지도 모른다. 하지만 어쩌면 특정한 일을 하고 그러한 삶을 사는 문제에 관해 생각할 때 당신 안에는 믿기지 않는 행복감과 성취감이 가득 찬다. 또한 그 꿈이 아무리 불가능해 보일지라도 그 꿈을 추구하라고 당신을 부른다.

리즈 머리

나는 뉴욕 시의 어느 복도에서 혼자 잠들곤 했다. 상점에서 오레오 쿠키나 크래커 등을 훔쳐 먹었고 책가방을 베고 잤다. 책가방 속에는 내가 가진 모든 것―일기장, 옷가지, 엄마 사진 등―이 들어 있었다. 나는 어느 곳에 가든 이것을 들고 다녔다. 이 책가방을 베고 복도에서 잠들면서 더 나은 삶을 꿈꿨다. 첫째, 지금의 삶이 어떠하든 그것을 뛰어넘어야 한다. 둘째, 이는 더 나은 삶을 살기 위한 목적뿐만 아니라 다른 사람의 삶을 더 좋게 바꾸기 위한 목적도 함께 있는 것이다. 이런 의식이 내 마음 깊은 곳에 자리하고 있었다.

당신이 기억하든 그렇지 않든 당신은 삶에서 이미 여러 차례 부름을 받았다. 자라서 무엇이 되고 싶은지 확실히 알았던 어린 시절에 이미 이런 부름을 받았을지도 모른다. 하지만 그 당시 사회나 부모, 또는 교사가 무엇을 할 수 있고 없는지를 제한적으로 선택할 수 있게 해주면서 우리에게 영향을 미쳤다. 결국 우리는 자신의 소명과 꿈을 닫고 말았다.

피터 포요

꼬마였을 때부터 나는 아주 커다란 아이디어를 꿈꿨다. 무선 전화기가 나오기 오래전인데도 나는 아무 선도 연결되지 않은 전화기를 내 손에 넣게 되면 얼마나 멋질지 꿈꿨다. 주유 펌프에 카드를 넣고 기름을 넣을 수 있다면 놀랍지 않을까? 태양 에너지로 도시를 움직일 수 있다면 놀랍지 않을까? 나는 이런 멋진 회사를 세우고 많은 돈을 벌며 라틴아메리카 최고의 경영진이 되겠다는 이상을 품었다.

일상의 한순간처럼 보였던 어느 때, 당신이 보거나 읽거나 들은 뭔가를 통해 부름을 받았을지도 모른다. 갑자기 뭔가가 번개처럼 당신 위로 내리치면서 평범한 한순간이 당신 삶을 규정하는 순간으로 바뀌는 것이다.

G.M. 라오

학창시절 수학 선생님의 한마디가 내 안에 불을 지폈다. 모든 삶에는 목적이 있으며 이 목적을 실현하는 것이야말로 진정한 성취이기 때문에 이를 위해 노력하며 살아야 한다고! 그 후 나는 나의 소명을 추구하고 이를 성취하기 위해 노력해야겠다는 뜨거운 욕망으로 타올랐다.

레어드 해밀턴

내가 어렸을 때 아버지가 어머니를 떠났다. 나는 아주 일찍부터 애어른이 되어야 했다. 이 때문에 정말로 나는 뭔가가 되고 싶다는 의식적인 결정을 내릴 수밖에 없었다.

레어드 해밀턴은 삶의 힘겨운 조건 속에서도 인생에서 뭔가 해내야 한다는 뜨거운 욕망을 갖고 있었다. 그는 부름을 들었고 이에 답했으며 가장 큰 빅 웨이브 서퍼 중 한 명이 되겠디는 꿈을 성취해나가면서 전 세계의 수백만 명에게 영감을 주었다.

레인 비츨리의 경우에도 어린 시절 매우 힘든 상황을 겪으면서 부름이 찾아왔다. 레인의 나이 겨우 일곱 살 때 어머니가 갑자기 세상을 떠난 것이다. 그후 레인은 자신이 입양된 사실을 알게 된다. 생모가 겨우 열일곱 살 때 데이트 상대에게서 강간을 당해 레인을 임신했던 것!

레인이 발을 딛고 서 있던 현실의 토대가 무너지는 것 같았다. 하지만 어머니를 잃은 이 결정적인 사건이 레인 비츨리로 하여금 세계에서 가장 뛰어난 여성 운동선수가 되도록 밀어붙였다.

레인 비츨리
세계 서핑 챔피언 타이틀을 일곱 번 거머쥔 사람

솔직히 말해서 내가 세계 챔피언이 되도록 이끈 힘은 입양됐다는 사실이었다. 서핑을 선택하기 전 내가 가졌던 큰 꿈은 어떤 분야에서 세계 챔피언이 되는 것이었다. 나는 무조건 세계 최고가 되어야 했다. 세상에 나를 증명해 보여야 한다고 느꼈기 때문에.

폴 오팔리어

내 삶을 위해 무엇이 되고 싶은지 마음속으로 의심한 적은 없다. 나는 그저 내 사업을 하고 싶었다. 그게 어떤 사업이라도 좋았다. 나는 IBM 건물을 바라보면서 생각했다. "저것보다 더 큰 사업을 하고 싶어."

주의력결핍 과잉행동장애와 난독증이 있었던 폴 오팔리어는 글을 읽을 수도 쓸 수도 없었지만, 인생을 걸고 해야 할 일을 바라보았다. 그는 킨코스를 세웠다. 수십억 달러를 벌어들이는 이 회사는 수천 명의 사람에게 일자리를 제공했다. 우리가 사는 이중적인 세계에는 모든 불리한 조건에 반대되는 측면이 있게 마련이다. 폴은 자신의 불리한 조건을 유리한 조건으로 변화시켰다.

아나스타샤는 공산주의 국가 루마니아를 탈출하기를 꿈꿨다. 거의 3년 동안 딸과 함께 도망갈 계획을 세우면서 때를 기다렸다. 이러한 결정에는 커다란 위험이 걸려 있었다. 마침내 미국에 도착한 아나스타샤는 또 다른 엄청난 결정에 직면하게 됐다. 가족의 생계비를 벌기 위해서 하루 14시간씩 일했으며, 뭔가 다른 일을 하지 않는 한 평생 이런 운명으로 살아야 했다.

아나스타샤 소아레

나는 뭔가 해야 했다. 내가 한 사람으로서 어떤 인물인지, 어떤 가치가 있는지 찾아내고 증명해 보여야 했다. 무섭지 않았다는 이야기가 아니다. 실제로 그것은 무서운 일이었다. 하지만 나는 생각했다. "이 일을 위해서 이 나라에 온 거잖아. 이곳은 기회의 땅이야. 이 일을 해야 해. 그렇지 않으면 여기에 뭐하러 온 거야? 루마니아에 있던 때보다 더 못한 삶을 살기 위해 온 거야? 그건 아니야."

루마니아에서 매우 힘든 조건 아래 살아온 것이 오히려 아타나스타샤에게 강인한 성격을 심어줬다. 아울러 자기 사업을 하고 싶은 꿈을 이루기 위해 모든 역경을 뚫고 나가는 투지를 불어넣었다. 이 사업은 이제 미국 전역에 1,000개

이상, 세계적으로 600개가 넘는 매장을 운영하고 세계 여러 국가에 미용실을 둔 제국으로 성장했다.

어떤 삶의 환경도 100퍼센트 부정적인 것은 없다. 모든 부정적 조건에는 반대되는 측면이 있다. 그렇기 때문에 겉보기엔 나쁜 상황일지라도 속을 들여다보면 좋은 것이 숨어 있다. 삶은 당신에게 어떤 부정적 상황이 벌어질지를 아는 문제가 아니다. 그보다는 오히려 그 안에 숨겨진 황금 같은 기회로 당신이 무엇을 하느냐의 문제다.

꿈을 실현할 수 있는 방법이 하나뿐이라면 당신에게 꿈을 추구하라고 하지 않는다. 당신이 그 꿈의 본질을 결코 실현할 수 없다면 꿈을 꿀 수도 없다. 당신의 꿈은 당신에게 가능한 최고의 삶을 살라고 부르고 있다. 당신 안에 있는 히어로를 발견하도록!

매스틴 킵

나는 비교적 그림 같은 환경에서 자랐다. 부모님은 훌륭한 분들이었다. 그분들은 세상의 고통으로부터 나를 지키기 위해 많은 것을 해줬다. 나 자신에게서 벗어나 다른 사람의 고통이 눈에 보이기 시작하면서 이에 대해 뭔가 할 수 있겠다는 깨달음이 왔다. 내 삶을 걸고 할 만한 일이 이 일 말고는 다른 어떤 것도 없다는 것이 분명해졌다. 그리하여 내 꿈은 영감과 지혜를 대중문화와 결합시켜 가능한 한 많은 사람에게 전달될 수 있도록 만드는 것이 됐다.

부름을 듣고도 너무 두렵거나 당신이 그것을 이룰 수 있다고 믿지 못해 답하지 않는다면, 내가 그랬듯이 상황이 당신으로 하여금 꿈을 좇도록 몰고 갈 것이다.

나는 방송국 텔레비전 프로듀서로 일하고 있었다. 그러면서 때때로 텔레비전 프로덕션 회사를 차리고 싶다는 꿈을 꾸곤 했다. 하지만 내게는 부양할 가족이 있었다. 무엇보다도 보수가 좋았고, 우리 가족의 몸을 누일 집을 유지하고 먹을 것을 살 돈이 필요했다. 따라서 프로덕션 회사 차리는 일을 실행에 옮기지 않으려 했다. 많은 사람이 내게 회사를 시작해보라고 부추겼지만 나는 내 일이 주는 안정감을 놓칠 수 없어 온 힘을 다해 고수했다.

그러던 중 나는 해고가 되어 큰 충격에 빠졌다. 끼니는 어떻게 해결하지? 딸아이들의 교육비는 어떻게 내지? 주택 대출금을 어떻게 갚지?

내가 선택할 수 있는 한 가지 방안은 다른 텔레비전 방송국에 일자리를 얻는 것이었다. 하지만 해오던 일로 다시 돌아간다고 생각하니 참을 수 없었다. 해고된 이후 아무것도 잃을 게 없다는 걸 깨달았다. 나는 보잘것없는 우리 집 뒷방에 플라스틱 탁자와 의자를 갖다놓고 텔레비전 프로그램을 만들기 시작했다. 아이디어를 발전시켜, 홍보물을 어떻게 만드는지 알지 못하면서도 프로그램 홍보물을 만들었다. 하지만 나는 아이디어에 대한 믿음이 있었기 때문에 심장이 쿵쾅거리고 두 다리가 부들부들 떨리는데도 한 방송국 이사진들 앞에서 내 아이디어를 선보였다. 나는 그 자리에서 프로그램을 의뢰받았다. 이 프로그램은 방송이 나간 뒤 대단한 성공을 거두어 장기 시리즈 프로그램이 됐다.

나는 해고당하고 나서야 마침내 부름에 답하고 내 꿈대로 살 수 있는 완벽한 조건에 놓였다. 나를 해고한 텔레비전 방송국 사람들에게 지금까지 고맙게 생각한다. 그들이 아니었다면 내 꿈을 추구하며 살라는 부름에 답하지 않았을 것이다. 내 삶에서 가장 흥미진진하고 보람 있는 여정을 따라 살지 못했을 것이다.

REFUSAL OF THE CALL

부름에
답하지 않으면

레어드 해밀턴

당신이 자신만의 꿈을 좇지 않을 때 감수해야 하는 위험은 치명적이다. 그것은 종말이며 성취감 없는 삶이다. 아무것도 이루지 못하는 삶이며 만족 없는 삶이다. 기쁨 없는 삶이다. 그것은 불행이다.

당신의 꿈을 추구하며 살라는 삶의 부름에 답하지 않을 때 당신은 성취감이 없는 불행한 삶을 살게 되는 위험을 떠안는다. 당신이 하는 일이 무엇이든 그 과정에서 어떤 물질적 혜택을 누리든, 그것은 중요하지 않다. 당신의 가슴이 노래하는 일을 하지 않는 한, 삶의 끝에 이르렀을 때 불만과 후회가 물밀듯이 몰려올 것이다. 당신의 삶이 이런 이야기가 되어서는 안 된다. 아무리 나이가 어려도 아무리 늙었더라도 당신이 살아갈 더 멋진 이야기가 있다! 당신이 꿈을 따를 때 큰 위험을 감수해야 할 것처럼 보일지라도, 당신의 삶을 잃어버리는 것보다 더 큰 인생의 위험이 어디 있을까?

마이클 액턴 스미스

당신의 꿈에 한 번의 기회도 주지 않는다면, 그것이 가장 큰 실패다.

G.M. 라오

당신의 꿈이나 열정을 추구하며 살지 않는다면, 무엇을 위해 일하든 그것이 비록 황금으로 된 것일지라도 하나의 새장처럼 느껴질 것이다. 영혼 없는 몸인 것이다! 결국은 낙담하고 무기력하게 존재의 목적을 완전히 상실하게 될 것이다.

부름에 답하고 당신의 꿈을 추구하며 살기로 결심하는 것은 실제로 쉬운 길이다. 오히려 부름에 답하지 않는 것이 더 힘든 길이다. 그 길은 불행의 위험을 떠안는 것이며 당신 자신에게 기쁨 없는 삶, 열정 없는 삶, 의미나 목적 없는 삶을 사는 운명을 만드는 일이기 때문이다.

어쩌면 처음에는 지금 하고 있는 일을 좋아했을 수도 있다. 하지만 시간이 흐르면서 그 일은 당신에게 따분한 고역이 됐다. 이는 현재 하는 일이 당신의 궁극적인 소명이 아니라는 것을 의미할지도 모른다. 당신은 보다 깊이 들어가, 이 일을 하던 중 어디쯤에서 당신의 꿈을 밀쳐놓지는 않았는지 스스로에게 질문해야 한다.

레인 비츨리

당신의 심장이 노래하게 만들지 못하고 당신이 매일 아침 열정을 뜨겁게 달구면서 일어나게 하지 못하는 일을 하고 있다면, 당신은 이 행성에서 인간으로서의 역할을 해내지 못하고 있는 것이다.

마이클 액턴 스미스

인생은 짧다. 인생은 연습이 아니다. 삶의 목덜미를 꽉 움켜쥐고 가능한 한 많은 것을 경험하며 가능한 한 많은 사람을 만나는 것이 인생이다. 소파에 앉아 텔레비전이나 보고 혹시 일어났을지도 모르는 어떤 일을 생각하며 불평하는 것이 결코 인생은 아니다.

리즈 머리

우리는 크리스마스 다음 날 어머니를 묻었다. 그때 나는 열여섯 살이었다. 우리는 제대로 된 장례식을 치를 돈이 없어서 어머니를 소나무 상자에 넣고 뚜껑을 못으로 박았다. 사람들은 이 상자 위에 "머리"와 "발"이라고 적었다. 정말 끔찍한 일이었다. 우리는 힘겨운 삶을 살았지만 매우 다정하게 지냈다. 어머니는 내 침대 끝에 앉아 자신의 꿈 이야기를 들려주곤 했다. 술 취하지 않은 맑은 정신으로 살고, 집을 얻고, 더 나은 삶을 사는 것에 관해 말했다. 그리고 이 모든 이야기 끝에는 장차 그렇게 하겠지만 지금은 아니라는 말이 이어졌다. 어머니는 나중에 그렇게 했을 것이다. 나중에는 그러려고 했기 때문이다. 그리고 나 역시 나중에 하겠다고 스스로에게 말하면서 살고 있다는 것을 어느 시점엔가 깨달았다.

"내게는 꿈을 따르며 살아갈 시간이 있어"라고 생각할지도 모른다. 당신에게는 시간이 없다. 인생은 짧기 때문이다. 오늘날의 평균 수명은 24,869일이다. 우리 중 어떤 이는 이보다 더 많은 날을 살고 어떤 이는 더 적은 날을 살겠지만, 어느 쪽이든 당신에게는 이번 생을 살 수 있는 소중한 날들밖에 없다. 그러므로 당신에게는 꿈을 미룰 시간이 없다. 지금이 아니면 영영 하지 못한다.

지금 그 일을 하지 않는다면 앞으로도 계속 미룰 것이고 결코 그 일을 하지 못할 것이다. 지금이 바로 그때다!

> "'언젠가'라는 말은 당신의 꿈을 무덤까지 가지고 가서 당신과 함께 묻어버리는 질병이다."
>
> ### 티모시 페리스
>
> 『4시간』의 저자

다른 어느 누구도 당신의 꿈을 실현시켜주지 않을 것이라 깨닫기만 해도 커다란 걸음을 내딛는 것이다. 상사, 친구, 파트너, 가족, 자식이 대신해서 당신의 삶을 살 수 없다. 당신에게 행복과 성취감을 주는 삶을 만드는 것은 당신의 책임이다. 어느 누구도 당신을 대신해서 그 일을 해주지 못한다.

마이클 액턴 스미스

사람들이 해야 할 가장 중요한 일은 자신의 행동에 책임을 지는 것이다. 자라온 환경을 탓하거나 돈 또는 이런저런 것이 부족하다고 탓하기는 쉽다. 일단 그런 탓을 멈추자. "그거 알아? 결국 내 삶에 책임을 지는 사람은 나밖엔 아무도 없어"라는 말을 하게 된다면, 당신 스스로 상황을 만들어내야 함을 깨닫는 중요한 걸음을 디딘 셈이다. 당신이 생각을 바꿔야 한다. 지금 하는 그 일을 바꿔야 한다. 상황이 달라지도록 하기 위해서는 그 일이 무엇이든 바꾸어야 한다.

리즈 머리

우리는 어릴 때 어른들이 놓치고 지나친 일에 매달렸다. 모든 것이 새롭고 흥미진진했으며 무엇이든 가능했다. 그러고 나면 뭔가 일이 생겨나곤 했다. 우리는 실패하고 거부당하고 실망했다. 우리 자신의 일부가 위축되고 지나치게 심각해졌다. 하지만 매일 아침 일어나 이런 질문을 했다면 어떻게 됐을까? "내가 원하는 것을 선택했다면 어떻게 되었을까? 내 꿈을 선택했다면?" 당신은 알람 시계를 끄고 두 발로 바닥을 딛고 일어나 그 일을 향해 달려갔을 것이다. 당신 삶에서 그런 마법을 되찾는다는 것은…… 삶의 뜨거운 가능성을 위해 살아가는 것이다.

살아가면서 당신이 원하는 것을 따르면서 살아가기가 두려울 수 있다. 실패할지 모른다는 생각 때문이다. 하지만 명심하라! 그 꿈을 이루어 현실로 변화시킬 돈이나 수단이 없는 한, 당신은 꿈을 추구하라는 부름을 결코 받아들이지 못할 것이다.

레어드 해밀턴

사람들은 실패의 두려움에 가로막혀 많은 것을 하지 못한다. 우리 어머니가 늘 하는 말이 있었다. 우리 각자가 자신의 가장 큰 방해꾼이라고! 우리는 스스로를 가로막고 있다.

우리 스스로를 가로막는 또 다른 구실은 좋은 아이디어나 기회가 남아 있지 않다고 생각하는 것이다. 그리고 이를 변명 삼아 우리 삶에서 아무것도 이루려 하지 않는 것이다. 더 이상 좋은 기회가 없다고 생각되면 폴 오팔리어가 얼마나 쉽게 인생 일대의 기회를 찾았는지 한번 보라.

도서관 복사기를 이용하기 위해 줄을 서 있는 동안 폴 오팔리어는 다른 사람이 보지 못한 뭔가를 보았다. 그는 속으로 생각했다. "이곳에 줄을 서 있다면 다른 곳에서도 분명 줄을 서고 있을 거야." 이 단순한 관찰에서부터 킨코스의 아이디어가 탄생했다.

폴 오팔리어

내게 뭔가 좋은 점이 있다면 현재를 살 줄 안다는 것이다. 지금 이 순간에 집중하지 않으면 기회는 보이지 않는다.

마이클 액턴 스미스

많은 사람이 성공한 사람을 보면 그저 어깨를 으쓱하면서 이렇게 말한다. "아, 저 사람들은 운이 좋았어." 하지만 당신 역시 살아가는 동안 자신만의 행운을 만들어내면서, 기회가 왔을 때 뛰어들 준비가 되어 있다.

아나스타샤 소아레

기회는 모든 사람 앞에 매일 놓여 있다. 기차역과 거의 비슷하다. 모든 사람이 기차역에 서 있고 그들 앞에 기차가 잠시 멈춰 섰다가 간다. 그런데 사람들은 눈을 감고 있다. 기차를 발견하면 올라탈 수 있는데, 눈을 뜨고 있지 않다. 기회는 어디에든 늘 있다.

G.M. 라오

반드시 꿈을 크게 꿔야만 큰일을 할 수 있는 건 아니다. 그저 삶의 기회에 열린 마음을 갖고 있으면 된다.

"멋진 기회는 이미 다른 사람들이 다 낚아채갔다고 모두들 당신에게 이야기하려 할 것이다. 실제로 세상은 매초마다 변화한다. 새로운 기회가 사방에서 날아오고 있으며 그중에는 당신의 기회도 포함되어 있다."

겐 하쿠타 - 때드 박사
발명가

안전에 대한 환상

삶에서 돈과 안전이 당신의 선택을 좌우해서는 안 된다. 삶은 끊임없이 변한다. 회사는 주인이 바뀌거나 망하거나 해외로 이전하고, 일자리를 잃거나 경제 붕괴로 대량 해고가 벌어진다. 당신은 일자리와 저축과 집을 잃을 수도 있다. 결혼생활이 끝나고 건강에 문제가 생길 수 있으며 당신이 충분히 안정된 삶을 살고 있다고 생각하는 순간에 모든 것이 날아갈 수도 있다. 나는 꿈을 추구하는 대신 경제적 안전을 선택했다. 나는 해고된 뒤에야 내가 확보했다고 생각한 안전이 오로지 내 마음속에만 있었다는 걸 분명히 알았다. 진정한 안전이란 안전이 존재하지 않는다는 것을 아는 것이다. 그럴 때 당신 삶의 하루하루를 가장 충실하게 살려고 할 것이기 때문이다.

매스틴 킵

가족과 친구들은 당신을 아끼고 당신에게서 가장 좋은 것을 원한다. 하지만 어머니와 아버지가 당신을 모질게 몰아붙이는 사람이 아닌 한, 또한 그런 성장 환경에서 자라지 않는 한, 그들은 대체로 당신의 인생이 확실성과 안전을 보장받을 수 있는 길, 즉 경제적으로 안정된 길을 가기를 원할 것이다.

마이클 액턴 스미스

보수가 좋지 않거나 안정적 삶과 거리가 먼 직업을 선택하면, 단기적으로는 힘들 수 있다. 하지만 당신에게는 아직 살아갈 날이 수십 년 있다. 설령 연봉이 낮더라도 당신이 좋아하는 일을 찾기 위해 짧은 기간 정도는 약간 고통을 겪는 편이 낫다. 삶의 부름에 따라 좋아하는 일을 하면 결국 삶의 많은 부분에서 성공을 거두기 때문이다.

G.M. 라오

당신이 하고 싶은 일이 있는데도 돈이 적다는 이유로 세상과 타협하지 마라. 당신이 잘할 수 있는 일이야말로 당신이 원하는 경제적 안정과 성공을 분명 가져다 줄 것이다. 시작은 미미할지 몰라도 당신이 하는 일에서 완벽한 단계에 오른다면, 당신이 잠시 동안 누리지 못했던 다른 것들까지 전부 저절로 따라올 것이다.

안전한 삶에 발목 잡히는 일은 누구에게나 일어날 수 있다. 고역을 치르듯 힘든 일을 하면서 많은 돈을 버는 사람들이 있다. 하지만 이들은 훨씬 적은 돈을 버는 사람들만큼이나 성취감을 느끼지 못하고 불행하게 산다.

레어드 해밀턴

당신에게 돈이란 무엇인가? 인생의 목표가 돈이라면, 돈이 당신을 지배할 것이다. 돈이 당신의 모든 행동 하나하나를 지시하고 통제할 것이다.

물질적인 것은 멋있다. 그 멋을 누리는 일은 분명 세상을 살아가는 큰 기쁨 중 하나다. 우리는 사회에 길들여지는 과정에서 물질적으로 넉넉한 형편을 만드는 것이 곧 삶의 목적이라고 잘못 생각할 수 있다. 물질적인 충족이 삶의 목적이라면 이것이 진정한 행복과 성취감, 만족감을 가져다 줄 것이고 우리는 다른 것을 사려고 할 필요가 없을 것이다. 물질적인 것을 얻었을 때 느끼는 행복이 일시적이지 않고 영원히 지속될 것이다.

물질적인 풍요를 축적하는 것이 삶의 진짜 목적이라면 우리가 이 세상을 떠날 때 그것들을 가져갈 수 있을 것이다. 아침에 신문을 가지러 밖으로 나갔다가 이웃집 조가 나이가 들어 저세상 가면서 집을 가져가는 바람에, 집이 사라진 모습을 보게 될 것이다. 우리는 물질적인 것을 가져갈 수 없다. 그것은 우리 자신이 아니기 때문이다. 물질적 풍요가 지상에 사는 기쁨 중 하나가 될 수는 있어도 그 자체가 우리 삶의 목적이 될 수는 없다.

레인 비츨리

힘들고 어려운 일이 많았다. 나는 많은 것을 희생했다. 그 희생은 내가 기꺼이 선택한 일이기도 했다. 세계 챔피언이 되겠다는 꿈을 따라 살아가는 일은 내게 있어 돈을 버는 것과 비교할 수 없을 만큼 훨씬 중요했기 때문이다.

우리 모두에게는 의식주가 필요하지만, 오로지 물질적인 것만 추구하다보면 진정한 성취감을 안겨주는 삶을 살 진짜 자유를 빼앗긴다. 꿈을 추구하는 대신 물질적인 것을 추구하고 안정을 삶의 목적으로 삼음으로써 꼬리가 몸통을 흔드는 일이 없게 하라. 역설적이게도 당신은 안정보다 꿈을 추구하기로 선택할 때 물질적 부, 풍요롭고 성취감이 있는 삶 모두를 갖게 된다.

나아가 돈보다 더 소중한 뭔가를 얻을 것이다. 소명을 완수했다는 느낌, 성취감, 만족을 가장 크게 느낄 것이다. 물론 당신은 더 많은 것에 도전하고 그것을 모두 이루고 싶은 마음으로 계속해서 꿈을 키워갈 것이다. 그렇게 히어로의 여정을 따라감으로써 절대적인 성취감을 경험하고 나면, 당신은 바로 그 일을 하기 위해 태어났다고 확신하게 될 것이다. 또한 목적을 이루는 과정에서 자연스럽게 내면에 쌓이는 경험, 느낌, 깨달음은 당신이 이 세상을 떠날 때 가지고 갈 것이다.

삶의 종착점에 이르렀을 때 당신이 그동안 하지 못했던 것들을 떠올리며 후회하지 마라. 당신의 삶은 소중하다. 당신 자신을 모두 팔아버리고 나면 당신이 절실하게 추구하는 행복을 발견하지 못할 것이다. 진정한 행복은 꿈을 성취하는 데서 오기 때문이다. 아무 후회 없이 삶의 끝을 맞이하면 어떨지 상상해보라. 당신이 해놓은 모든 것을 뒤돌아보는 순간을 상상해보라. 가장 큰 만족감으로 가슴이 충만해질 것이다.

리즈 머리

"마음속에 당신의 음악이 여전히 남아 있는 채로 죽지 마라"라는 말을 알지 않는가? 사람들은 밤에 베개를 베고 누웠을 때 꿈꾸는 것이 있다. 이 소리를 존중하지 않는다면 어디에도 이르지 못할 것이다. 그것은 당신 안에 살고 있는 에너지이며 당신은 이 에너지를 부정할 수 없다. 이것은 개인으로서의 당신이 지닌 기질의 일부다. 따라서 밤에 베개를 베고 누웠을 때 이 세상에서 뭔가를 하라고 당신을 부르는 소리가 있는데도 무시한다면, 그 꿈은 당신 안에 계속 갇혀 있을 것이다. 내게는 그것이 가장 끔찍한 시간이다……
당신 마음속에 음악이 남아 있는 채로 죽는다는 것.

친구 한 명이 텔레비전 관리부에서 오랫동안 일했다. 그러다 다니던 회사에서 여러 변화를 겪은 뒤 직장에서 밀려났다. 그녀는 무엇보다도 자신이 가장 하고 싶은 일이 무엇인지 깨달았다. 그것은 바로 영화감독이 되는 것! 마침내 그녀는 자신이 꿈꾸던 삶을 살기 위해 새로운 인생 계획을 세웠다. 하지만 기회를 잡고 영화감독으로서 새 출발을 하기 직전에, 텔레비전 관리부에서 보수가 좋은 일이 들어왔다. 결국 그녀는 이 일을 택한다. 이로써 그녀의 꿈과 새로운 삶을 살 가능성은 허무하게 날아가버렸다.

마이클 액턴 스미스

내가 삶의 종착점에 이르렀을 때 어느 요양원에 앉아 과거를 돌아보면서, 완전히 다른 삶을 살 수 있었다면 얼마나 좋았을까, 하고 후회하지 않기를 바랐다.

아나스타샤 소아레

당신이 잃을 것은 무엇인가? 시도해보아야 한다. 그렇지 않으면 당신이 그 일을 할 수 있다는 것을 알지 못한 채 살아갈 것이다. 그것이 고통스러웠다…… 내게는 그것이 고역이었다.

폴 오팔리어

난 늘 학생들에게 대학을 벗어나 자신만의 일을 시작하라고 말한다. 당신에게 일어날 수 있는 최악의 일은 무엇일까? 부모 없이 살게 될 수도 있다. 경험의 문제도 아니다. 그냥 목을 곧추 세우고 자기 일을 시작하라!

매스틴 킵

사람들 대부분은 높이 뛰려고 시도하지 않는다. 현재 충분한 고통을 겪고 있지 않기 때문이다. 대개는 아주 지긋지긋해진 뒤에, 너무 지겹고 지친 뒤에야 이렇게 말할 것이다. "더 이상 이 일을 못 하겠어."

폴 오팔리어

좋아하지 않는 일이나 직장에 갇혀 있더라도 결국에는 당신에게 진정한 만족감을 줄 어떤 일을 하도록, 인류 역사상 그 어느 때보다 좋은 기회가 당신에게 주어져 있다.

더 이상 참을 수 없는 지점까지 이른 뒤에야 변화를 꾀하는 일이 없도록 하라. 지금 당신의 삶을 바꿔라! 진정한 행복과 성취감이 아닌 한 그 어떤 것도 당신에게 충분히 좋은 것이 될 수 없다. 그러므로 그보다 못한 일에 안주하지 마라. 안전을 향한 촉수가 이미 당신 주변을 감싸고 있어서 갖가지 의무 때문에 움직일 수 없더라도 결코 때늦지 않았다. 당신의 꿈을 추구할 길은 늘 무한히 있으며, 당신이 생각하는 것보다 훨씬 쉬울 것이다.

FINDING YOUR DREAM

당신의 꿈을 찾아서

피터 포요

인류의 절대적인 절망은 내 삶을 걸고 무엇을 할 것인가와 관련되어 있다.

레인 비츨리

당신이 원하는 것은 무엇인가? 가슴에 손을 얹고 스스로에게 물어보라. 나는 무엇을 원하는가? 마음속에 가장 먼저 떠오르는 것이 언제나 정답이다.

당신 스스로에 대해 갖고 있는 생각, 믿음, 결론 들을 내려놓아라. 이 세 가지야말로 바로 꿈을 보지 못하도록 가로막는 것들이다. 당신을 다른 누구와도 비교하지 마라. 지구상에 다른 어떤 이도 갖지 못한 잠재력이 당신 안에 있기 때문이다. 그리고 당신이 할 수 있는 일이 무엇일까에 관한 모든 제한적인 생각들을 놓아버려라. 모든 가능성을 향해 마음을 열어라. 살면서 쌓아놓았던 인생의 짐들을 모두 내려놓으라. 완전히 새로운 사람처럼 백지 상태에서 아침에 눈뜰 수 있다면 모든 놀라운 가능성이 당신의 삶 속으로 자유롭게 쏟아져 들어올 것이다.

레인 비츨리

사람들은 자신의 바깥을 바라본다. 하지만 자기 내면을 바라보면 알게 된다.

존 폴 드조리아

우리가 무엇을 원하는지 항상 알지는 못하지만 무엇을 원치 않는지는 분명히 알고 있다. 원치 않는 일을 그만두고 그것에 관해 생각하기를 멈추고 앞으로 나아가라. 타고 가는 기차가 마음에 들지 않으면 내려라. 내리지 않으면 다른 어떤 일도 경험하지 못할 것이다. 기차에서 내린 후에야 비로소 다른 것을 향해 마음이 열릴 것이다.

매스틴 킵

더할 나위 없이 행복하다고 느끼는 순간들, 시간이 쏜살같이 지나가던 순간들, 당신이 환하게 빛난다고 느꼈던 때, 정말로 기운이 차오르는 걸 느꼈던 때를 바라보라. 그리고 생각하라. "어느 지점에서 가장 기운이 차올랐던가? 어느 지점에서 내가 정말로 행복했던가?" 그것이 삶에서 몇 번밖에 없었던 순간들이더라도 그것이야말로 당신의 꿈이 어느 부근에 있는지 보여주는 입구다.

G.M. 라오

자신의 미래를 생각하기 시작하는 순간, 불현듯 커다란 꿈이 떠오르는 사람도 있을 것이다.

무엇이든 할 수 있다면 무엇을 할 것인가? 돈이 아무 고려 대상이 되지 않는다면 무엇을 할 것인가? 성공이 보장된다면 무엇을 할 것인가? 어떤 질문이든 던져본다면, 또는 당신의 목적에 관한 질문을 던진다면 우주는 당신에게 답을 보낼 것이다. 답은 당신의 의식적인 정신에서 오는 것이 아니다. 그랬다면 이미 답을 알았을 것이다. 답은 우주정신으로부터 온다.

레인 비츨리

우리 대다수는 꿈이 무엇인지, 목적이 무엇인지 알지 못한 채로 살아간다. 시간을 내어 우리 자신에 관해 물음을 던져본 적이 없기 때문이다. 자신이 무엇을 좋아하는지 확인할 시간을 갖는 것이 중요하다. 그렇지 않다면 당신은 키 없는 배일 뿐이다.

뭔가 물음을 던지기 전에 먼저 긴장을 풀고 평온한 마음 상태로 들어가라. 그런 다음 한 가지 물음을 던져보라. 예를 들면 다음과 같은 것들이 있다. "내 삶의 목적은 무엇인가?" "애초 무엇을 하라고 정해졌을까?" "내가 이곳에 존재하는 이유는 무엇일까?" 이 물음에 머리로 답하려고 하지 마라. 그저 물음이 허공에 맴돌도록 놔두라. 1분 동안 가만히 있으면서 당신에게 떠오르는 것이 있으면 무엇이든 거기에 주의를 기울이라. 그런 다음, 그날 가슴에서부터 영감이 떠오르는 그 일에 특별히 주목하라.

아마도 다른 뭔가에 집중하고 있을 때 섬광처럼 당신 마음에 답이 떠오를 것이다. 답을 얻었을 때 그것을 예측하지 말고, 그 답을 향해 나아갈 수 있는 작은 첫걸음이 무엇인지 생각하라.

레어드 해밀턴

당신 자신에게 귀 기울이면서, 당신 안으로 들어가 가만히 침잠하는 것이다. 숲 속이나 바다로 가서 당신 안의 소리를 들을 수 있는 곳을 찾아가라. 당신의 잠재의식이 말해줄 것이다. 당신 안에는 소리가 들어 있다. 그 소리는 늘 있었으며, 스스로 당신의 마음속 깊은 곳 어딘가에 그것을 넣어뒀다.

존 폴 드조리아

궁극적으로 우주를 향해 당신 마음을 연다면 우주가 당신에게로 올 것이다.

어느 날 새러 블레이클리는 자신이 수백만 달러나 되는 규모의 사업을 하고 싶다는 것을 깨달았다. 이것이 그녀가 알고 있던 전부였다. 그리하여 수백만 달러짜리 아이디어를 찾으려 애썼다. 그러다 옷을 입던 중 한 가지 문제에 부딪혔다. 이 일로 새러는 새로운 형태의 여성 속옷을 만들기 위한 멋진 아이디어를 내게 됐다. 그녀는 이 아이디어로 스팽스를 만들었다. 현재 이 회사는 수십억 달러 규모의 글로벌 회사가 됐다.

피터 버워시

다른 길은 실제 사업 쪽으로 나아가는 것이며 다음과 같은 물음을 던지는 것이다. "지금 이 시점에 세상이 필요로 하는 것은 무엇이며 세상은 무엇을 원하는가?"

매스틴 킵

"사람들이 겪고 있는 문제나 사안을 내가 어떻게 해결할 수 있을까?" 이런 물음을 던진 뒤, 당신의 열정 분야와 이 물음이 어떻게 연결될 수 있는지 파악하는 게 바로 성공의 열쇠다. 이 지점이 영적으로 정서적으로 경제적으로 가장 알맞은 지점이다.

폴 오팔리어

킨코스는 하나의 물음에서 시작되었다. 물음 던지기를 그만뒀다면 다시 질문하기 시작하라.

킨코스를 세운 폴 오팔리어나 스팽스를 만든 새러 블레이클리처럼 사업가들은 물음을 던진다. 사업가들은 이런 질문의 방식으로 완벽한 시점에 완벽한 아이디어를 얻는다. 세상은 바로 이런 것을 필요로 한다. 그들은 하나의 물음을 던짐으로써 아이디어를 얻고, 이 아이디어에서 계속 나아가 큰 성공을 거두는 회사를 세우게 된다.

어떤 질문을 던지고, 필요한 정보를 구하고, 아이디어나 해결책, 결정을 밀고 나갈 방법을 구해야 할 때면 언제든 우주정신이 당신에게 답을 전해줄 것이다. 그러면 당신 마음속에 섬광처럼 답이 떠오를 것이다. 이 놀라운 자원에 닿을 수 있는 당신의 능력을 이용하라.

피터 버워시

방향을 찾는 한 가지 방법. 종이 두 장을 가져와 한 장에는 당신이 잘하는 것을 쓰고, 나머지 한 장에는 인생을 걸고 하고 싶은 것을 적는다. 이 두 장의 종이를 들고 서로 연결되는 것이 있는지 찾는다.

매스틴 킵

그 여정을 걸었던 사람을 찾거나, 당신이 따라가고 싶은 길에서 돌아오고 있는 사람들에게 이렇게 물어라. "어떻게 하셨어요?" 당신이 원하는 일을 실제로 하고 있는 현장에 직접 가서 사람들을 만나보라. 책이든 DVD든 CD든 영감을 주는 정보를 엄청나게 많이 섭렵하라. 그 일을 할 때 당신은 세상에서 가장 멋진 사람들의 사고를 생각하기 때문이다.

레인 비츨리

당신은 명확해야 한다. 명확함이 당신에게 힘을 가져다 준다. 시간을 내어 당신이 원하는 것이 무엇인지를 분명하게 확인하라. 그러면 그 일을 향해 한 걸음 내딛기 시작할 것이다. 하지만 당신이 무엇을 원하는지 모른다면 삶이 당신에게 이런저런 요구를 하도록 허용하게 된다. 나는 삶이 내게 이런저런 요구를 하도록 허용하지 않았다.

존 폴 드조리아

당신이 뭔가를 꿈꾸지만 아무것도 되는 일이 없다면 당신의 소망을 글로 적어 아침에 일어날 때 보이는 곳에 두라. 어떻게 해서든 그 일에 집중하면 정신이 당신을 원하는 방향으로 이끌 것이다. 정신이 무슨 생각을 해내든, 무엇을 이룰 수 있다고 믿든 상관없다. 당신 마음속에 뭔가를 많이 간직할수록 더 많은 일이 일어날 것이다.

피트 캐롤

대단한 지능이 요구되는 일이 아니다. 그것은 당신이 이루고 싶은 일 또는 되고 싶은 것에 대해 의식적인 결정을 내리는 문제다. 내게는 이 점이 아주 분명했다. 우리가 원하는 것을 새롭게 만들어가도록 도와주는 우주 안의 힘은 바로 비전에 의해 움직이기 시작한다.

당신의 꿈이 무엇인지 아직은 모르더라도 하루빨리 그 꿈이 실현되도록 앞당겨줄 일을 지금 바로 할 수 있다. 현재 당신이 하는 일이 무엇이든 그 일에 최선을 다하는 것이다. 결국에 가서는 지금 하는 일과 다른 일을 원한다는 것을 알게 될 수도 있지만 현재 일에 모든 주의를 기울이고 그 일에 최선을 다하다 보면 실제로 현재 일에 비해 훨씬 더 큰 사람이 될 것이다. 시간이 지나면 문이 열려 당신의 꿈에 완벽하게 들어맞는 일로 당신을 이끌어줄 것이다!

레어드 해밀턴

어머니가 내게 심어준 가치 중 하나는 무슨 일을 할 때 그 일이 무엇이든 간에 내 능력의 최선을 다하라는 것이었다. 만약 청소부라면 청소부로서 할 수 있는 최선을 다해 거리를 청소하라.

존 폴 드조리아

내게 성공이란 얼마나 많은 돈을 버는가의 문제가 아니었다. 하는 일이 무엇이든 그 일을 얼마나 잘하는가의 문제였다. 경비원이든 사업가든 비행기 조종사든 당신이 얼마나 성공했는지 결정하는 것은, 당신이 무슨 일을 하고 그 일을 얼마나 잘하는가에 달려 있다.

큰 꿈과 작은 꿈

아나스타샤 소아레

작은 꿈이라고 문제될 것은 없다. 큰 꿈은 인생에서 가진 모든 것을 의식적으로 걸 수 있는 사람들의 것이다. 작은 꿈도, 큰 꿈도, 열정적인 꿈도 있다. 대단한 열정을 갖는 데는 특정한 성격이 요구된다.

마이클 액턴 스미스

대다수 사람은 살면서 큰 꿈을 품지 않는다. 그들에게는 자신감이 없다. 흥미로운 일은 모두 다른 사람이 하고 있다고 생각한다. 그러나 큰 꿈을 갖는 것은 중요하며 큰 꿈이 삶을 흥미진진하게 만든다. 큰 꿈이 없다면 큰 꿈을 실현할 수 없다.

아나스타샤 소아레

사람들은 얻기 위해 얼마나 많은 것을 내놓고자 하는지 깨달아야 한다. 삶에서는 모든 것이 은행 계좌와 같다. 무엇을 넣어두든 거기서 꺼낼 수 있다. 적게 넣고 많이 얻으려고 기대하지는 마라. 그런 일은 일어나지 않는다.

정말 큰 꿈을 품고 시작하는 사람이 있는가 하면, 작은 꿈을 품고 시작했지만 이것이 나중에 상상했던 것보다 훨씬 큰 것으로 발전되는 경우도 있다. 삶은 그 당시에 우리가 감당할 수 있는 크기의 꿈을 향하도록 우리를 부르는 것 같다.

G.M. 라오

작은 꿈은 퍼즐을 이루는 조각들처럼 점차 모여 더 큰 꿈이 된다. 처음에는 꿈을 꾸는 것조차 어렵다. 마하트마 간디노 애초부터 뭔가 큰 꿈을 품고 시작한 것은 결코 아니었다. 다만 현실이 되기를 바라는 일을 한계선까지 계속 밀고 갔기 때문에 마침내 기적이 일어난 것이다.

꿈을 찾고 그 꿈이 실현되면 당신이 삶에 대해 가졌던 다른 작은 꿈들도 모두 이뤄진다. 20대 시절에 품었던 내 꿈 중 하나는 다른 나라에서 사는 것이었다. 낯선 나라에 살면서 내가 알던 것과는 다른 문화를 경험하는 모험과 도전을 하고 싶었다. 나의『시크릿』꿈이 실현되었을 때 나는 일 때문에 호주에서 미국으로 옮겨 가야 했다. 그 결과 내가 밀쳐놓았던 하나의 꿈이 큰 꿈과 동시에 이뤄졌다. 꿈은 서로 연결되어 있어서 하나의 꿈이 찾아오면 나머지 모든 것도 뒤따라온다.

당신의 꿈을 찾았든, 꿈이 무엇인지 알지 못하든, 당신을 분명히 꿈으로 이끌어줄 아주 간단한 충고 하나가 있다.

FOLLOW YOUR BLISS

당신의 행복을
추구하라

세계에서 가장 많은 존경을 받는 신화학자 가운데 한 사람인 조셉 캠벨은 통찰력 있는 가르침을 통해 우리에게 단순하지만 아주 깊은 삶의 메시지를 전해줬다.

"당신의 행복을 추구하라."

이 세 마디 말은 삶의 나침반이며 매 순간 어느 방향으로 나아갈지 알려준다. 행복은 당신이 굉장히 하고 싶은 일을 할 때 느끼는 감정이다. 당신의 꿈과 연결되어 있는 끈이다. 따라서 당신의 행복을 추구하면 당신의 꿈을 찾고 이곳에 존재하는 이유를 실현하게 된다.

닉 우드먼은 사업가가 되고 싶다고 생각했지만 어떤 사업을 할지에 대해서는 아무 실마리도 찾지 못했다. 그는 친구와 함께 호주와 인도네시아로 여행을 떠나 서핑을 하면서 행복한 시간을 보내던 중 자신과 친구가 서핑하는 움직임을 포착하는 카메라가 있다면 얼마나 멋질까, 하고 계속 생각했다. 이 작은 생각이 한 가지 아이디어의 씨앗이 되어 이후 고프로 카메라로 발전했다. 고프로 카메라는 닉 우드먼을 세계에서 가장 젊은 억만장자 사업가 중한 명으로 만들어줬다.

행복은 행복으로 이어진다

좋아하는 일을 하면서 행복을 느낄 때 당신에게서는 억누를 수 없는 강력한 기질이 뿜어져 나온다. 이 기질이 당신을 더 많이 행복하게 해준다. 설령 아직 당신의 꿈이 무엇인지 모르더라도 당신이 행복에 젖어 있을 때, 당신은 그꿈으로 가는 길목에 서 있는 것이다.

레인 비츨리

일상에서 당신을 기분 좋게 해주는 일을 하기로 선택하라. 이런 선택을 하는 사람이 얼마나 될까? 자신을 기분 좋게 해주는 것이 무엇인지 확인하고 일상적으로 자기 자신에게 그런 시간을 쏟는 사람이 얼마나 될까?

매일 당신을 정말 기분 좋게 해주는 일을 하기로 결정할 때 당신은 행복을 추구하는 것이다. 공원이나 정원에 앉아 두 발을 들고 긴장을 푼다든가, 좋아하는 커피를 사서 바삐 다니며 마시지 않고 자리에 앉아 호흡을 가다듬고 세상사람이 지나가는 모습을 그냥 지켜본다든가 하는 간단한 일일 수도 있다. 아무리 무의미하고 하찮아 보이는 일일지라도 당신이 행복해지기 위한 일을 매일 반드시 하라. 그 일이 무엇인지 알기 전에 당신은 당신이 할 수 있는 다른 행복한 일을 통해 영감을 받을 것이다. 또한 이 일을 함으로써 장차 당신을 꿈과 더 나은 삶으로 데려다줄 실마리를 잡을 것이다.

피터 포요

상투적 문구이지만 나는 당신의 삶을 그야말로 최대한 충실하게 사는 것이 정말 중요하다고 믿는다.

마이클 액턴 스미스

우리가 하는 일은 가족 및 인간관계와 더불어 삶에서 가장 중요한 부분을 차지한다. 일은 당신이 깨어 있는 시간의 대부분을 보내는 영역이기 때문에 반드시 재미있게 즐길 수 있어야 하며, 당신이 열정을 다하고 관심을 갖는 것이어야 한다.

존 폴 드조리아

나는 내가 하는 일이 좋다. 그렇지 않다면 그 일을 하려고 하지 않았을 것이다.

G.M. 라오

돈과 안전은 모든 이에게 매우 중요하다. 그러나 당신이 하는 특정한 일에서 갖는 개인적 만족과 열정이 더 중요하다. 그렇기 때문에 일은 꿈 문제에서 매우 중요하다.

전업 직업을 갖고 있다면 연간 250일가량을 일로 보낼 것이다. 200일 하고도 50일이면 1년의 3분의 2가 넘는 시간이다. 따라서 당신의 마음을 뜨겁게 불태우고 열정과 흥분으로 가득 채우는 일을 하지 않는다면 당신 삶의 귀중한 나날 중 많은 부분을 허비하는 것이다.

> "당신이 하는 일이 삶의 대부분을 채우게 될 것이며, 진정한
> 만족감을 느끼는 유일한 길은 당신 스스로가 멋진 일이라고
> 믿는 일을 하는 것이다. 아울러 멋진 일을 할 수 있는 유일한
> 길은 당신이 하는 일을 사랑하는 것이다. 아직 멋진 일을 찾
> 지 못했다면 계속 찾아보고 절대 안주하지 마라."

스티브 잡스
애플 공동 창립자

집에서 아이를 기르고 있다면 당신이 보내고 있는 이 귀중한 육아 시간에 당신이 좋아하는 일을 반드시 포함시켜서 최대한 자주 하라. 나는 집에서 아이를 키울 때 창의적인 출구가 필요했다. 그래서 요리에 전력을 다했다. 요리 강좌를 듣고, 책을 사고, 내가 찾아낼 수 있는 모든 요리법을 완성시킬 때까지 반복해서 연습했다. 요리는 내 행복이 되었다. 텔레비전 일을 다시 하게 되었을 때 내가 개발한 텔레비전 프로그램은 요리 프로그램이었다. 이제껏 열심히 배운 경험 덕분에 쇼는 큰 성공을 거뒀다. 이 성공으로 텔레비전 프로덕션에서 나의 경력은 탄탄대로로 뻗어나갔다.

존 폴 드조리아
열정으로 가슴이 불타고 당신이 하는 일을 좋아할 때, 그 일이 의무가 아니라 당신이 좋아하는 일일 때, 당신은 이 일을 사랑으로 하기 때문에 언제나 더 잘할 수 있다.

몇 가지 이유로 우리의 행복과 일을 분리시키는 사람들이 많다. 우리는 매일 같이 하는 일을 좋아하지 않는다. 하지만 삶이 그와 같아야 하는 것은 아니다. 행복을 느끼면서 자기 일에서 꿈꾸는 대로 살아가는 사람이 있다는 사실은, 당신 역시 그럴 수 있다는 것을 말해준다. 당신이 꿈꾸는 일이 무엇인지 반드시 알아야 하는 것은 아니다. 당신의 행복이 그 일과 연결되어 있기 때문이다. 그러므로 당신은 행복을 추구하기만 하면 된다. 이 행복이 당신을 꿈꾸는 일로 이끌어줄 것이다.

G.M. 라오

나는 일을 해야 한다는 이유 때문에 일하지는 않는다. 나는 일을 즐기기 때문에 일한다. 내게 일은 열렬한 사랑의 대상이다. 일에는 목적의식이 있고 나뿐만 아니라 내 주위 사람들에게도 행복과 만족을 가져다 주기 때문이다.

리즈 머리

나는 "이제 일을 할 거야"라고 말한 적이 없었던 것 같다.

"이제 일을 할 거야"라고 말하지 않은 채로 바로 시작할 수 있는 일이 무엇인지 머릿속에 떠오르는가? 일은 당신의 열정이나 특별한 재능을 끌어안을 수 있는 것이어야 하며, 보수를 받든 그렇지 않든 상관없이 하고자 하는 것이어야 한다.

리즈 머리

내가 하는 일이 흥겨워야 한다. 어떤 재미도 느낄 수 없다면, 머리카락을 휘날리며 일하지 않는다면, 일이 마법처럼 느껴지지 않는다면 나는 절대로 그 일을 붙들고 있지 못한다. 어린 시절의 크리스마스 아침 같아서 한 시라도 빨리 침대에서 나가고 싶은 기분이 드는 일을 하기 위해 노력해야 한다. 일이 두렵기 시작하고 얼른 끝나기를 바란다면 이는 뭔가 변화가 필요하다는 징후다.

마이클 액턴 스미스

마인드 캔디에서 일하는 우리는 지나치게 심각하지 않은 사람들, 작업 내내 즐길 수 있는 사람들과 함께 일하는 것을 좋아한다. 어떤 사람들은 일을 생사의 문제처럼 생각하려고 하지만 결코 그렇지 않다. 나는 당신이 일에서 재미를 느낄 때 삶이 즐겁고 마음이 가벼워진다고 생각한다.

> "나는 부자가 되기 위해 시작한 것이 아니었다. 내가 원한 것은 삶의 즐거움과 도전이었다. 또한 지금도 여전히 그러하다…… 내가 재미를 느껴야 돈이 따라온다는 것을 알았다."
>
> ### 리처드 브랜슨 경
> 사업가, 재계 거물

당신 자신에게 진실하라

당신이 하는 일이 곧 행복일 때 당신은 행복할 것이다. 당신이 좋아하는 일을 하지 않고 해야 하는 일을 한다면 잘못된 삶을 사는 것이다. 많은 소중한 이들이 선의의 부모, 교사, 사회, 심지어 친구나 배우자가 정해준 삶을 살고 있다. 그런 사람들은 불행하다. 우리는 세계적으로 정신 건강 문제가 놀랄 만큼

증가하는 현상을 통해 사람들 속에 자리 잡은 불행을 보고 있다. 다른 모든 이들이 무슨 생각을 하든 이에 눈감고 용기를 내어 당신 자신의 행복을 추구하라. 그러면 무한한 행복을 느낄 것이다.

존 폴 드조리아

사람들이 하고 싶은 일 중에는 어쩌면 흔하지 않은 것도 많고, 다른 모든 사람들이 동의하는 것도 많을 것이다. 그 일이 당신을 행복하게 한다면 그렇다, 그 일을 추구하라. 그 일은 많은 보상을 안겨주고 당신 자신에게 진실해지는 것이다.

마이클 액턴 스미스

나는 대학을 나온 뒤 은행에 현실적인 일자리를 얻었다. 그러고는 그 일이 도저히 나와 맞지 않다는 것을 금방 깨달았다. 그 일은 내 영혼에 말을 걸지 않았다. 나는 취직해서 일하는 삶이 나와 어울리지 않는다는 것을 깨달았다.

G.M. 라오

우리가 꿈을 추구할 때 이해 당사자, 가족, 친구, 사회 등 여러 방향에서 우리를 잡아당기는 경우가 있을 것이다. 내 경우에는 그러한 상황이 많았다. 예를 들어 우리 가족을 위해 함께 동업했던 형이 나와 다른 열망을 품었을 때 나는 나 자신의 꿈을 추구하기 위해 동업 관계를 끊었다.

G.M. 라오는 꿈을 추구할 용기가 있었으며, 삶을 걸고 이뤄낸 것을 바라봤다. 그는 인도에 공항, 고속도로, 병원을 지었으며 도시를 개발했다. 자신의 행복을 추구하기로 결정한 덕분에 조국과 수억 명의 삶을 개선했다.

당신이 좋아하는 일을 하고 다수의 사람들을 거스르기 위해서는 용기가 필요하다. 누군가를 기쁘게 하고 싶은 유혹을 억누르고 당신 자신에게 진실하라. 어쨌든 다른 누구를 기쁘게 하는 것이 당신의 일은 아니다. 그들을 기쁘게 하고 그들의 행복을 찾는 것은 그들의 일이다. 이것은 당신의 삶이며 당신은 당신 자신의 마음을 따라야 한다. 당신에게는 특별한 뭔가가 있다. 이는 당신만이 갖고 있는 재능이나 기술이며 이를 끌어내어 발휘해야 할, 당신 삶에 대한 책임이 있다.

> "당신이 좋아하는 일을 택하라. 이력서상으로 좋게 보일 거라는 이유로 좋아하지도 않는 일을 계속한다면 이는 정신 나간 일이다. 노년을 위해 성관계를 아끼는 것과 조금 비슷하지 않은가?"

워런 버핏
재계 거물, 투자자

아나스타샤 소아레

당신의 삶을 들여다보라. 지금 상태로 행복하다면 좋은 일이다. 행복하지 않다면 분석해보아야 한다. "좋아, 날 행복하게 하는 것은 무엇이지? 난 일을 갖고 있는데 불행해." 그렇다면 일을 바꿔라.

변화를 꾀하기로 결심했지만 방법을 알지 못할 경우 맨 처음 내디뎌야 할 가장 큰 첫걸음은 행복을 추구하기 시작하는 것이다.

아나스타샤 소아레

당신은 회계사이며 정말로 불행하다. 그런데 요리를 좋아하는 것 같다. 그렇다면 가서 요리사가 되라. 돈을 내야 할 각종 고지서가 있을 테니, 곧바로 일을 그만두지는 말고 계획을 세우려고 노력하라. "좋아. 이 파트타임 일을 할 거야"라고 마음먹으라. 당신은 계획을 세워야 한다. 나는 내가 번 모든 돈을 반드시 꿈을 추구하는 데 사용하고 싶었다. 경제적인 여건이 뒷받침되지 않으면 각종 고지서에 돈을 내지 못하는 데서 오는 스트레스가 당신의 꿈을 산산조각낼 것이다.

아나스타샤는 부양해야 할 가족이 있었다. 그래서 도약을 꾀하기 전 사업 계획을 세우는 데 2년을 보냈다. 이제 그녀는 세계적인 회사를 소유하고 있으며 꿈꾸던 삶을 살고 있다. 아타스타사가 계획을 세우고 행복을 추구하지 않았다면 지금도 다른 누군가의 미용실에서 하루 14시간씩 일하고 있었을 것이다.

행복한 삶을 살기 위해 지금 시작해야 할 일이 많다. 당신이 하고 싶은 일과 관련하여 무료 강좌를 들어라. 책과 잡지를 구해 현재 당신이 하고 싶은 일을 하는 사람들에 관한 글을 읽어라. 당신이 그 분야에 들어가기 위해 어떤 일자리를 얻을지 알아보라. 인터넷과 소셜 미디어를 이용하고, 블로그에 글을 쓰고 조사를 하라. 당신 손끝에 세계가 있으며 접속해서 찾아볼 수 있는 기회가 예전보다 훨씬 많다. 당신이 하고 싶은 일에 가능한 한 많은 주의를 기울여라.

레어드 해밀턴

현재 하는 일에서 당신이 좋아하는 일로 어떻게 옮겨 갈 것인가? 당신이 좋아하는 일을 할 수 있도록 스스로를 충분히 뒷받침하기 위해 다른 일을 하라. 그래서 당신이 좋아하는 일에 자금을 대라. 당신이 좋아하는 일을 하면서 먹고살 수 있는 날이 갑자기 올 것이다. 게다가 그러한 변화는 당신이 생각하는 것보다 훨씬 빨리 올 것이다.

매스틴 킵

여러가지 책임을 지고 있다면 천천히 부업을 시작해도 좋다. 결국은 도약하게 될 것이다.

"행복을 추구하라. 그러면 우주는 온통 벽이었던 곳에서 당신을 위해 문을 열어줄 것이다."

조셉 캠벨
신화학자

행복을 추구하는 일을 지금 바로 시작할 수도 있다. 삶의 어딘가에는 아직 해보지 못했지만 늘 하고 싶었던 일이 있기 때문이다. 사교 댄스, 랩, 서핑, 또는 급류 래프팅을 배우고 싶은 욕구를 느낀 적이 있는가? 연기 수업, 그림이나 정원 가꾸기 수업을 들어보고 싶거나 옷 스타일링이나 집안 인테리어 하는 법을 배우고 싶은 욕구를 느낀 적 있는가? 아니면 어떤 악기 소리를 들을 때 곧바로 행복해지곤 해서 그것을 배워보고 싶은 욕구를 느낀 적이 있는가? 특정 국가에 이끌린 적이 있는가? 어떤 언어를 들었을 때 마음속 어딘가가 흔들린 적이 있는가? 어린 시절 좋아했지만 어른이 되면서 먹고사느라 미뤄뒀던 일이 있는가? 늘 해보고 싶었던 일은 무엇인가?

대다수 사람은 이러한 욕구를 행동에 옮겨본 적이 없거나, 이런 일이 무의미하고 삶에서 요구되는 큰일과 별반 관계가 없기 때문에 한편에 밀쳐둔다.

하지만 특별히 뭔가를 하고 싶은 욕구는 당신에게 행복을 추구하라는 우주의 부름이며 이런 특정한 일은 당신의 꿈으로 나아가는 길과 확실히 연결되어 있다. 이 땅에서 바라보는 당신의 관점에서는 둘 사이의 연결성이 보이지 않을지라도 우주는 이것이 당신을 꿈으로 이끄는 길임을 분명하게 볼 수 있다.

당신 마음을 움직이는 것

당신은 무엇에 끌리는가? 무엇이 당신의 마음을 움직이는가? 무엇을 하고 싶은 욕구가 늘 있었는가? 이 욕구를 따르라. 그리고 행복을 추구하라. 이것이 당신의 꿈과 상관없다고 여기겠지만 실제로 이것은 당신을 꿈으로 이끄는 끈이다. 내 딸의 경우에 그랬듯이.

내 딸은 글을 배운 순간부터 이다음에 커서 작가가 되겠다고 말했다. 그녀는 글쓰기 외에도 특히 좋아하는 두 가지가 있었다. 자연 속에 있는 것과 말 타기였다. 어린 시절부터 어른이 될 때까지 이 세 가지 모두에 대한 사랑을 계속 지켜왔지만 미국으로 옮겨 오면서 말을 두고 와야 했다.

사는 곳을 옮기면서 그녀는 작가가 되겠다는 평생의 꿈을 조용히 뒤로 한 반면, 또 다른 큰 꿈이 그녀 마음에 자리 잡았다. 완벽한 배우자를 만나 가족을 이루는 일이 그것이다. 그녀는 자신이 원하는 완벽한 배우자의 모든 사항을 목록으로 작성했다. 하지만 몇 달이 지나도록 어디에서도 그런 사람이 보이지 않았다.

그러자 내 딸은 그저 행복을 추구하기로 결심했다. 승마 수업을 시작했고 다시 글을 쓰기 시작했으며 자연으로 둘러싸인 작은 집을 구입했다. 이 작은 집을 유지하기 위해 많은 일을 해야 했다. 하지만 그녀는 자연에 둘러싸여 살 수 있었기 때문에 더없이 행복했다.

내 딸이 행복을 추구했을 때 어떤 일이 일어났는지 소개한다. 그녀는 승마 수업에서 새 말을 배정받았고 이 말에 올라타는 순간 둘이 서로에게 꼭 맞았다. 내 딸은 자신이 꿈꾸던 말을 찾았고 그녀가 수월하게 감당할 수 있는 소액 분할 방식으로 이 말을 구입할 기회를 얻었다.

또한 어린이 책을 쓸 아이디어가 떠올랐고 마침내 첫 책을 완성시켰다. 그녀는 더할 나위 없이 행복했다. 꿈의 말을 얻었고 자연 속에 살며 마침내 책을 쓴 것이다.

또한 행복의 한가운데 있던 내 딸은 바로 그때 그곳에서 완벽한 배우자를 만났다. 완벽한 배우자의 꿈이 실현되고 나서 두 달 뒤 작가가 되고 싶은 평생의 꿈도 실현되었다. 대형 출판사에서 내 딸의 책을 출간하기로 한 것이다! 게다가 손볼 게 많았던 작은 집도 갑자기 상황이 나아질 것 같았다. 그녀의 완벽한 배우자가 마침 건축가의 아들이었던 것이다!

당신은 모든 것을 가질 수 있다. 당신의 행복이 더 큰 꿈과 전혀 관계없다고 생각되더라도 행복을 추구하고 또 온 마음을 다해 추구하라.

앞으로 펼쳐질 길 전체가 당신 눈에는 보이지 않더라도 당신의 행복은 당신
이 가진 모든 꿈으로 이어줄 끈이다!

Part Two

히어로

BELIEF

믿음

레인 비츨리

무엇이 되었든 삶에서 뭔가를 이루기 위해서는 근본적으로 당신이 할 수 있다고 믿어야 한다. 내가 많은 세계 타이틀을 딸 수 있었던 것은 이 믿음 덕분이다.

레어드 해밀턴

모든 것이 가능하다고 믿어야 한다. 당신이 할 수 있다는 것도.

당신에게 주어진 가장 강력한 히어로 능력은 아마도 당신 자신에 대한 믿음일 것이다. 당신의 믿음이 모든 힘든 상황이나 어떤 시련의 조건 속에서도 당신을 버티게 해줄 것이며 궁극적으로 당신의 꿈을 실현하도록 해줄 것이다!

피트 캐롤이 서던 캘리포니아 대학의 수석 코치로 첫 시즌을 맞아 지도했던 한 쿼터백은 젊고 재능이 있었지만, 그가 지닌 커다란 잠재력을 발휘하지 못할 위협에 부딪혀 있었다. 문제는 이 선수가 자신에 대해 부정적인 이 야기를 하는 경향이 있으며, 이 점이 때때로 그의 역량을 발휘하는 데 영향 을 미친다는 사실이었다. 이 쿼터백이 실수를 할 것이라고 스스로 예상한다 는 것을 알게 된 피트는 스태프들과 협력하여 이 선수의 부정적인 자기 평 가 습관을 없애줬다.

시의적절한 개입 덕분에 이 쿼터백은 스스로를 믿게 되었다. 이 믿음이 어 떤 힘을 가졌는지 두 시즌이 지난 뒤에는 모든 대학 미식축구에서 최고의 선 수로 하이즈먼 트로피를 수상할 정도가 되었다. 이후 그는 내셔널 풋볼 리 그의 스타가 되었고 내셔널 풋볼 리그 프로볼에서 MVP로 뽑혔다. 그의 이름 이 바로 칼슨 팔머다.

피트 캐롤

코칭 인생 전반을 통해서 나는 사람들이 자신의 생각과 개인적 믿음이 지 닌 힘을 이해하도록 도왔다. 한 사람의 자기 대화는 그가 스스로에게 어떤 믿음을 갖고 있는지 가장 분명하게 보여주는 지표다. 나는 당신의 꿈이 발 현되는 핵심 사항으로서 긍정적 자기 대화의 가치와 의미를 늘 강조한다.

아나스타샤 소아레

내가 사람들에게 전하고 싶은 메시지는 다음과 같다. 언어를 알지 못하고 주 머니에 1페니도 없는 채로 이곳에 와서 이런 일을 해냈다면 어느 누구든 해 낼 수 있다는 것이다. 당신 자신을 믿어야 한다. 중요한 것은 바로 그것이다.

그런데 당신 자신을 믿지 않는다면 어떻게 될까?

당신 자신을 믿지 않는 유일한 이유는 자기도 모르게 스스로를 믿지 않는 방향으로 생각해왔기 때문이다. 여러 가지 생각들을 하면서 그런 생각이 사실이라고 받아들이면 그것이 곧 믿음을 형성한다. 당신은 스스로에 대한 믿음을 갖고 태어났다. 따라서 현재 당신 자신을 믿지 않는다면 그것은 곧 살아오는 동안 다른 사람들이 당신에게 덧입혀놓은 당신 자신에 대한 생각을 받아들였고 이를 사실이라고 믿게 되었다는 의미다. 또한 이렇게 믿음이 부족한 상태로 살아온 것은 오로지 당신 스스로 자신에 대한 생각, 즉 자기 평가를 계속 유지해왔기 때문이다.

매스틴 킵

성공을 가로막는 최대의 장애는 가능하지 않다고 믿는 사람들이다. 당신이 어떤 것이 가능하지 않다고 믿는다면 그 생각이 옳다. 모든 우주가 당신을 방해할 것이다. 우주가 나쁜 곳이기 때문이 아니라 당신이 우주와 부정적으로 상호작용하기 때문이다. 오로지 당신의 낮은 가치를 증명하는 증거, 왜 가능하지 않은지 보여주는 증거만을 찾기 때문이다.

믿음의 부족을 바꿀 수 있는 방법은 아주 간단하다. 이제껏 당신 자신에 대해 생각했던 것과 반대되는 생각을 하기 시작하는 것이다. 당신은 할 수 있고 그 일을 하기 위해 당신 안에 모든 것을 갖추고 있다고 생각하는 것이다. 당신에게 놀라울 만큼 큰 능력들이 있으며 때가 되었을 때 이를 어떻게 사용할지 정확히 알고 있다고 스스로를 일깨우라. 당신에게 필요한 것은 오로지 한 번에 한 걸음씩 내딛는 것이라고 스스로에게 일깨우라.

당신의 잠재의식

꿈을 이룰 수 있다는 생각을 품을 때 당신의 잠재의식 속에 들어 있는 프로그램을 바꿀 수 있다. 잠재의식은 컴퓨터와 같다. 당신의 생각을 통해, 또는 당신에 대한 다른 사람들의 생각에 귀 기울이거나 그들의 생각을 받아들임으로써 당신은 잠재의식 속에 여러 가지 프로그램들을 심어놓았다. 당신은 평생이 일을 해온 것이다.

마이클 액턴 스미스

당신 자신을 믿지 않는다면, 즉 당신이 뭔가를 이룰 수 있다는 것을 믿지 않는다면 다른 어느 누구도 믿지 않을 것이다.

당신의 잠재의식 속에 들어 있는 모든 프로그램은 생각을 통해 거기에 자리 잡게 됐다. 또한 새로운 프로그램을 만들고 예전의 프로그램들을 중단시킬 수 있는 것은 생각이며 오로지 생각만이 그 일을 할 수 있다.

무엇이든 할 수 있다는 생각을 처음 하기 시작할 때, 잠재의식의 "방화벽"이 거부하는 것을 느낄 것이며, 잠재의식은 이런 생각이 사실이 아니라고 당신에게 말할 것이다. 그러나 당신이 할 수 있다는 생각을 계속 머릿속에 심는다면 결국은 이런 생각이 믿음이 되고 당신은 프로그램을 바꾸게 될 것이다.

레인 비츨리

스스로 선택한다면 어느 누구든 자기 확신을 얻을 수 있다.

오랜 세월, 심지어 평생에 걸쳐 스스로를 믿지 않았는데도 짧은 시간의 결연한 노력을 들이기만 해도 스스로를 믿기 시작한다는 것은 놀라운 일이다.

잠재의식의 프로그램을 변경할 수 있는 가장 효과적인 시간은 밤에 막 잠들려는 순간이다. 잠들락 말락 하는 바로 그 졸린 상태에 있을 때 당신이 뭐든 할 수 있고 당신이 머릿속에 세팅할 무엇이든 이룰 수 있다는 생각을 심어라. 잠 속으로 빠져들기 직전 마지막으로 하는 생각이 "자신을 믿는다"가 되도록 하는 것이 목표다. 잠에 빠져들기 시작할 때 마지막으로 하는 생각은 곧바로 마음속의 방화벽을 통과하여 잠재의식으로 들어가기 때문이다. 또한 이 생각이 방화벽을 통과하면 잠재의식은 이를 사실로 받아들인다.

잠재의식에 믿음의 새로운 프로그램이 자리 잡으면 잠재의식은 이 프로그램을 실행시킨다. 그리고 당신 자신에 대한 믿음이 옳다는 것을 증명할 것이다. 당신을 믿는 새로운 사람들을 보게 되거나 살면서 이미 알던 사람들에게서 새로운 도움을 얻을 것이고, 당신 자신의 능력을 증명해 보이고 자기 확신을 키우는 특정 행동이나 조치를 취해야겠다고 기운이 솟는 것을 느낄 것이다.

잠재의식 속에 무엇이 들어 있든 그것들은 그대로 당신의 삶에서 벌어진다. 이는 잠재의식 속에 어떤 새로운 프로그램이 있든 곧바로 우주정신으로 전송되기 때문이다. 또한 우주가 지시를 마련하면 당신이 믿는 것을 반드시 이루도록 당신과 함께 노력할 것이다. 어쩌면 이제 당신은 "인간의 정신이 상상하고 믿을 수 있는 것은 뭐든 이룰 수 있다"는 말이 왜 나왔는지 이해하게 될 것이다.

G.M. 라오

나는 사회를 위한 가치를 창조하겠다는 나의 비전을 굳게 믿었다. 나의 삶을 잘못된 방향으로 이끌 만큼 심각한 차질이 두 차례나 있었는데도, 나의 가치와 지치지 않는 헌신이 우주의 의지와 함께했다. 그리고 우주가 나를 무조건 도와줬기 때문에 나는 인내심을 갖고 끝까지 버텨냈다. 내 마음에는 한 점의 의심도 없었다.

레어드 해밀턴

내 꿈을 이룰 수 있다고 진심으로 믿었다. 그렇지 않았다면 내가 할 수 있었던 일을 해내지 못했을 것이다. 그렇다고 내게 전혀 의심이 없었다는 이야기는 아니다. 의심은 늘 존재하고 항상 어른거리며 맴돌면서 당신에게 달라붙으려고 애쓰기 때문이다. 하지만 나는 의심을 내 안으로 들이지 않았다.

당신 자신을 믿는다고 해서 꿈을 이룰 수 있는 당신의 능력을 한순간도 의심하지 않을 것이라는 의미는 아니다. 그런 의심의 순간에는 그저 당신이 나아가야 할 바로 다음 단계의 행동으로 생각을 돌려라. 앞에 놓인 여정 전체를 생각하느라 머릿속이 빙빙 도는 채로 있기보다는, 다음 단계의 작은 행동을 취할 수 있다고 믿는 편이 훨씬 쉽기 때문이다. 또한 앞에 놓인 여정 전체를 생각하더라도 히어로의 여정에서는 한 번에 한 단계씩만 나아갈 수 있으며, 모든 성공한 사람들도 한 번에 한 단계씩 나아갔을 뿐이다.

행복을 느낄 때 당신의 믿음은 강해질 것이다. 지치거나 낙담하거나 기분이 개운치 않거나 에너지가 부족할 때 의심이 찾아온다. 모든 사람에게는 그런 순간들이 있다. 그러므로 당신이 느끼는 기분이 일시적이라고 스스로에게 일깨우라. 그러면 지나갈 것이다. 그렇기 때문에 매일 행복을 추구하는 것이 매우 중요하다. 그러는 동안 행복해질 것이기 때문이다. 또한 그 결과 당신의 믿음이 강해질 것이다.

G.M. 라오

당신의 꿈에 믿음을 불어넣어야 한다. 당신이 원하는 일이 이 세상에서 당신이 할 수 있는 최고의 것이라는 확신을 가져라. 이러한 믿음이 없다면 노력이나 결단, 인내 없이 그저 건성으로 접근하는 태도로 이어질 것이다. 확신이 부족할 때 실패의 두려움이 뒤따라오는 경우가 많다.

매스틴 킵

어머니는 내가 마음만 먹으면 무엇이든 할 수 있다고 말했다. 나는 말 그대로 어머니를 믿었다. 내가 정말로 뭔가를 하겠다고 마음을 굳힐 때 커다란 일이 일어날 것이라고 나는 시작부터 알았다.

레어드 해밀턴

어머니는 내가 물 위를 걸을 수 있다고 믿었다. 나에 대한 어머니의 믿음은 목표의 문제가 아니며, 내가 훌륭한 사람이 될 수 있다는 것 이상의 의미를 지닌 것이다. 하지만 이 믿음 덕분에 나는 나 자신을 믿는 힘이 생겼다. 자신을 믿어주는 누군가가 있는 사람들은 모두 그 사람에게 의지하게 된다. 이런 사람 곁에 머물러야 한다.

아나스타샤 소아레

작은 일이 당신의 삶을 변화시킬 것이다. 더 순수했던 시절들도 있었지만, 내가 여섯 살이었을 때 어머니와 아버지가 하던 양복점에 있던 어느 날 어머니가 이렇게 말한 일이 기억난다. "내가 널 가게로 데려올 때마다 길을 기억하지? 사야 할 것들을 종이에 적어 돈을 줄 거야. 넌 버스를 타고 여섯 정류장을 가면 돼. 내리는 정류장이 맞는지 버스 기사에게 꼭 물어야 하고." 내가 말했다. "엄마, 난 여섯 살이에요! 난 몰라요……." "아니, 넌 똑똑해. 할 수 있어." 나는 조금 두려웠지만 마음속으로 무슨 생각을 했는지 당신은 짐작하는가? 어머니는 내가 똑똑하고 해낼 수 있다고 말했으니, 분명히 나는 똑똑한 애일 거라고 생각했다. 나는 양복점으로 돌아왔고 그때 어머니의 얼굴에 떠오른 미소를 결코 잊지 못할 것이다. 어머니는 말했다. "넌 똑똑하고 해낼 수 있다고 내가 말했지? 네가 정말 자랑스럽구나!"

마이클 액턴 스미스

힘이 되는 부모와 함께 시작할 때 자기 확신을 더 쉽게 가질 수 있지만 그런 부모가 없다고 해서 불가능한 것은 결코 아니다.

당신 자신에 대한 믿음을 갖도록 도와준 부모가 없더라도 어린 시절에 당신을 믿어준 누군가가 있었다. 친척, 할머니나 할아버지, 이웃, 선생, 형제자매일 수도 있으며 당신이 자랄 때 당신을 믿어준 사람이 적어도 한 명은 있었을 것이다. 그 사람이 아직까지 살아 있든 그렇지 않든 간에 당신은 말 그대로 지금 이 세상에서 얻을 수 있는 모든 지원을 얻은 것이다.

당신이 꿈을 추구하기로 결심할 때 우주가 당신을 지원하고 모든 환경, 모든 사람, 그 밖에 꿈을 실현하는 데 필요한 모든 것을 제공할 것이다. 아울러 우주를 지렛대로 이용하기 위해서는 당신의 잠재의식을 이용하여 믿어야 한다!

레어드 해밀턴

당신의 사명이나 목표에 집중하고 있다면 상황이 저절로 풀려나갈 것이며, 당신이 쏟은 노력 덕분에 준비가 갖춰질 것이라고 믿어라.

매스틴 킵

당신에게 영감을 준 사람들의 명단을 작성하고 그들의 어떤 점이 영감을 줬는지 내용을 적어라. 그들이 보여준 불굴의 의지 때문인가? 그들이 많은 것을 베풀었기 때문인가? 그들의 은행 계좌 때문인가? 그들이 세상에 이루어 놓은 일 때문인가? 그런 다음 그들과 관련해서 당신에게 영감을 줬던 것이 사실은 당신 내면에 존재함을 인식하라.

리즈 머리

우리는 직접 실행하면서 배운다. 그러므로 상황 속에 뛰어든다면 경험적 깨우침을 통해 자부심을 다시 키우고, 당신의 믿음 체계를 바꿀 수 있다. 당신 삶에서 비슷한 사례를 본 적이 없는 탓에 전에는 가능하지 않을 것처럼 보였던 일을 할 수 있다. 이는 근육의 기억과 거의 비슷하며 새 경험이 우리를 새로운 믿음으로 이끌어줄 것이다.

히어로의 여정에서 한 걸음씩 내디딜 때마다, 한 가지 경험을 거칠 때마다, 당신이 진정으로 무엇을 할 수 있는지 스스로 발견하기 때문에 당신의 믿음은 커지고 강해질 것이다.

당신은 히어로이므로 당신의 꿈과 당신 스스로를 믿어라. 당신 안에 있는 히어로는 당신이 꿈을 이룰 수 있다고 믿는 것 이상으로, 당신이 꿈을 이룰 것이라 확신하고 있다!

시각적 상상

매스틴 킵

『성경』이 시각적 상상을 가장 잘 말해준다. 묵시가 없으면 백성은 방자하게 행동한다.

레어드 해밀턴

내 모든 아이디어와 내가 행한 모든 것을 맨 처음 내 마음속에서 보았다. 사람들은 시각화에 관해 말한다. 이는 당신 마음속으로 보는 한 가지 방법일 뿐이다. 마음속으로 보지 못한다면 궁극적으로 꿈을 가질 수 없다. 맨 처음 당신 마음속으로 보지 못한 것을 어떻게 실현할 수 있겠는가?

스포츠 업계의 종사자나 운동선수들은 꿈의 시각적 상상이 어떤 힘을 지니는지 알고 있다. 올림픽 대회에서 선수들이 4년 동안 마음속으로 금메달을 따는 이 순간을 그려보았다고 말하는 이야기를 들을 것이다. 운동선수는 훈련

과정에서 끊임없이 시각화의 기법을 이용하여 자신이 이루고 싶은 모든 것을
마음속으로 보면서 특정 기술을 훈련하고 개선한다.

레인 비츨리

나는 운동선수로서의 모습을 시각화하면서 많은 시간을 보냈다. 운동선수
가 되어 좋은 점이 있다면 이런 기법을 활용하여 바라는 결과를 구체적으
로 상상하는 것이다.

피트 캐롤

우리가 무엇이 될 수 있을지 마음속으로 상상하면서 늘 시각화 작업을 한
다. 당신이 되고 싶은 것을 마음속으로 상상하는 능력에서 모든 힘이 나온
다. 마음속으로 그릴 수 없다면 어떻게 거기에 닿을 수 있겠는가? 설령 거기
에 도달하더라도 그런 사실을 알지 못할 것이다.

> "나는 막 잠들려는 순간에 내가 하고 싶은 것이 정확히 무엇
> 인지 알 수 있을 때까지 시각화 작업을 한다. 물속으로 뛰어
> 들고, 미끄러지고, 팔을 휘젓고, 벽을 짚고, 100분의 1초
> 까지 나오는 랩타임의 기록을 맞추고, 그렇게 하여 경기를
> 끝마치는 데 필요한 만큼 수차례 다시 수영을 한다."

마이클 펠프스
올림픽 수영 챔피언

스포츠 세계는 우리가 원하는 것을 창조하기 위해 가장 강력한 훈련 중 하나
를 고수해왔다. 바로 우리가 원하는 정확한 결과를 시각적으로 상상해서 마

음속에 그리는 것이다. 실제로 스포츠에서는 시각화 기법을 사용하여 많은
선수가 성공을 했다. 그런데도 대부분의 사람들은 이 기법을 사용하여 자기
인생의 목표도 이뤄낼 수 있다는 사실을 아직 잘 알지 못한다.

레인 비츨리

나는 오로지 하나의 결과에 대해서만 시각화할 수 있었다. 그것은 머리 위
로 트로피를 높이 들고 샴페인 세례를 맞으면서 단 위에 서 있는 모습이었
다. 내게 중요한 것은 오직 그것뿐이었다.

시각적 상상을 머릿속에 그리는 데 가장 중요한 일은 당신이 원하는 최종 결
과나 성과의 모습을 마음속으로 떠올리는 것이다. 원하는 것을 어떤 모습으
로 이루게 될지 상세한 모든 것을 마음속에서 끌어내어 그냥 당신이 꿈꾸는
최종 결과를 보라. 레인 비츨리는 샴페인 세례를 맞으면서 우승자 단상에 서
있는 시각적 상상을 선택했다. 이 시각적 상상은 그녀가 원했던 결과, 즉 세
계 챔피언이 되는 모습을 분명하게 담고 있었기 때문에 실현될 수 있었다.

마이클 액턴 스미스

나는 그림을 그리고 낙서하고 스케치하는 것을 좋아하며 이렇게 공책을 메
우면서 몇 시간씩 보냈다. 내가 하고 싶고 이루고 싶은 것들을 끼적거렸다.

당신의 꿈을 구성하는 요소들을 스케치할 때 당신의 마음은 그 스케치를 통
해 곧바로 시각적 상상을 그려낸다. 당신의 꿈과 관련된 메모들을 적을 때 당
신의 마음은 그 메모를 통해 자동적으로 시각적 상상을 그려낸다. 어느 쪽이
됐든 당신은 시각화를 하고 있는 것이다.

나는 살면서 이전에 한 번도 해보지 않은 일을 해야 할 때, 내가 원하는 결과를 먼저 시각화해보지 않은 채로 일에 뛰어들려고 하지 않는다. 마음속으로 그 시각적 상상을 가지고 놀면서 그 일이 이미 일어난 것처럼 흥분된 기분을 맛본다. 어떻게 그 일을 할지는 생각지 않으며 그저 내가 원하는 결과를 시각화할 뿐이다. 이 기법은 인간이 인생에서 무엇을 원하든 그것을 창조하기 위해 지녀야 할 능력 가운데 가장 강력하면서도 잘 알려지지 않은 것 중 하나다. 잠재의식은 시각 이미지를 좋아하기 때문에 잠재의식 속에 시각 이미지를 심어놓으면 잠재의식은 그 이미지를 실현하기 위한 모든 것을 다할 것이다.

G.M. 라오

내 꿈은 늘 마음속에 들어 있었다. 꿈이 아직 엉성한 생각에 지나지 않을 때조차 이를 실연해보는 등 나는 처음부터 꿈이 내 안에 생생하게 살아 있는 상태로 살아왔다. 내 꿈이 이미 이뤄졌다는 생각에서 내 행동이 나오고 이런 행동들에서 결과가 나오는 것을 알 수 있었다.

"성공은 두 번 이루어진다. 한 번은 마음속에서, 그다음은
실제 세계에서."

아짐 프렘지
인도 재계 거물

피터 포요

내가 인생에서 이룬 거의 모든 것은, 내가 무엇을 공부했고 얼마나 열심히 노력했는가에 대한 결과물이 아니다. 시각화하면서 이미 내가 거기에 이르렀다는 것을 아는 데서 비롯된 결과다.

다큐멘터리 「시크릿」을 만들 때 나는 하루에도 수없이 내가 원하는 결과를 시각화했다. 이 결과가 마음속에 너무도 또렷하게 보여서 이미 이루어진 것처럼 느껴졌다. 「시크릿」이 엄청난 성공을 거두도록 하기 위해 내가 행한 것 중 시각화가 가장 강력한 효과가 있었다는 데 대해 내 마음속에는 어떤 의심도 없다.

피터 포요

당신이 시각화를 할 때 사람들은 당신더러 새빨간 거짓말쟁이라고 생각한다. "그 일은 일어나고 있는 게 아니야. 여기에 없어"라고 생각하기 때문이다. 아, 그렇지 않다. 확실히 여기 있다. 당신이 그 일을 생각할 수 있다면 일어날 수 있기 때문이다.

당신이 꿈꾸는 결과가 이미 이루어진 것 같은 느낌이 들 정도로 시각화하는 데 능숙해지라. 그러면 히어로의 여정에서 도달하고 싶은, 더 작은 단계나 목표에 대해서도 이 방법을 활용할 수 있다. 하지만 당신이 원하는 최종 결과만을 시각화하더라도 시각적 상상이 어떻게든 어떤 식으로든 당신이 거기에 이르도록 해줄 것이다.

리즈 머리

내 목표는 모두 A학점을 받는 것이었기 때문에 나는 학과 사무실에 가서 내 성적표를 인쇄해달라고 했다. 사무실에서는 "이제 막 시작했기 때문에 당신 성적표가 없어요."라고 말했다. 나는 "아니요, 아무것도 나와 있지 않은 성적표가 필요해요."라고 말했다. 그들은 내 이름이 적힌 성적표를 인쇄해줬고 나는 계단에 앉아 거기에 내 학점을 적어 넣었다. 미래에 이미 그런 성적을 받은 것 같은 기분이었고 나는 그것을 따라잡기만 하면 됐다. 숙제를 할 때면 내가 모두 A학점을 받겠다고 결심한 성적표를 꺼냈다. 공부하는 동안 그것을 볼 수 있도록 옆에 놓았다. 나는 그런 성적표가 이미 어딘가에 실제로 있는 것 같은 느낌으로 공부했다.

언제나 당신이 잘 헤쳐나가고 싶은 상황에 대해서 시각화를 이용할 수 있다. 시험, 오디션, 면접, 회의, 판촉 활동, 청혼, 연설, 상견례, 여행, 회사 역사상 가장 큰 폭의 연봉 인상을 제시하는 상사 등 어떤 결과든 시각화할 수 있다!

새해가 오면 그해가 끝났을 때 어느 지점에 가 있고 싶은지 시각화하고 한 해의 시각적 상상을 계속 유지하라. 나아가 지금부터 5년 뒤 당신이 어느 지점에 가 있고 싶은지 더 커다란 시각적 상상을 그려라. 그런 다음 당신 삶에서 어떤 일이 벌어지는지 그저 지켜보라!

> "당신이 어디로 향하고 있는지 시각화해야 하며 그 이미지가 아주 뚜렷해야 한다. 몇 년 안에 당신이 어디에 가 있고 싶은지 폴라로이드 사진을 찍어라."

사라 블레이클리
스팽스 창립자

존 폴 드조리아

나는 아침에 일어나 그냥 가만히 있는다. 텔레비전을 켜지 않고, 커피도 마시지 않는다. 아무것도 하지 않는다. 그냥 침대에 앉아 있다. 아무 결정도 하지 않고 전화를 걸지 않는다. 딱 5분 동안 내 마음을 깨끗이 하려 애쓰며 그 순간 그곳에 있다. 이렇게 하면 당신의 마음가짐이 하루 종일 깨끗하게 유지된다. 만일 당신이 이루려고 노력하는 꿈이 있다면 마지막 2분 동안 그 꿈에 관해, 그 꿈을 얼마나 원하는지, 왜 원하는지, 그 꿈에 좀더 가까이 가기 위해 무엇을 할지 생각하라.

하루가 시작되기 전 정신없이 허둥대지 말고 당신의 마음을 완벽하게 편안한 상태로 만들어라. 꿈에 관한 시각적 상상이 곧바로 잠재의식 속으로 부드럽게 들어갈 것이다. 이는 새로운 업데이트나 프로그램을 깔기 위해 컴퓨터를 끄는 것과 똑같다. 컴퓨터에 다른 프로그램들이 돌아가고 있는 동안에는 업데이트할 수 없다. 마찬가지로 당신의 마음속에 다른 일들이 들어 있다면 잠재의식이 시각적 상상을 받아들일 수 없다. 긴장을 풀고 당신의 마음에서 다른 생각에 관한 스위치를 끄면 시각적 상상이 성공적으로 설치될 것이다.

시각화를 성공적으로 해낼 때 주변 사람들은 어떻게 모든 것이 갑자기 당신 생각대로 진행되는지 의아하게 생각할 것이다. 마치 당신이 슈퍼맨이라도 된 것처럼 모든 일이 당신에게 유리하게 풀릴 것이다. 또한 당신이 태어날 때부터 갖고 있었고 지구상에 사는 모든 인간이 갖고 있는, 가장 간단하면서도 가장 강력한 능력 중의 하나를 사용했을 뿐임을 알게 될 것이다.

THE MIND OF A HERO

히어로의 정신

피터 버워시

아침에 일어나 당신이 해야 하는 중요한 결정은 실제로 딱 한 가지뿐이다.
그날 입을 옷도 아니고 헤어스타일을 어떻게 할 것인가의 문제도 아니다.
그것은 바로 좋은 태도를 가질 것인가, 나쁜 태도를 가질 것인가의 문제다.
긍정적인 태도가 그 무엇보다도 중요하기 때문이다.

마이클 액턴 스미스

천성적으로 낙관적인 사람으로 태어난 점에서 나는 운이 좋았으며, 이 점에
대단히 많은 도움이 되었다고 생각한다.

모든 인간이 힘겹게 씨름하는 가장 어려운 문제 중 하나가 바로 태도다. 긍정
적인 태도를 갖지 않으면 당신 자신의 성공을 망치고 불행해지고 잠재적으
로 몸도 아플 것이라는 사실을 진정으로 이해해야 한다. 그럴 때 당신은 긍정
적인 눈으로 삶을 바라보고자 할 것이다. 당신의 태도는 스스로 만드는 것이

다. 또한 태도는 실패의 가장 큰 원인이 되기도 하지만, 반대로 가장 강력한 도구가 되기도 한다.

레인 비츨리

당신 삶의 상황이 나아지기를 원한다면, 그리고 현재 살아가는 방식에 어떤 변화를 원한다면 당신의 생각을 책임지는 법을 깨우쳐라.

당신의 생각이 태도를 형성한다. 그러므로 태도를 바꾸는 첫 단계는 당신 자신의 생각을 책임지는 것이다. 당신이 불행하다고 느끼게 만드는 것이 바로 당신의 생각이라는 점을 인식하자. 그것을 받아들일 수 있을 때에야 비로소 당신의 사고 형태들을 바꿀 수 있다.

매일 좋은 것들을 가능한 한 아주 많이 찾아내는 대가로 당신이 꿈꾸는 삶을 살게 해주겠다고 누군가 제안한다면, 당신은 곧바로 그렇게 할 것이다. 그렇다, 이것이 바로 당신이 꿈꾸는 삶을 받아들이는 방법이다.

피트 캐롤

나는 살아오면서 긍정적으로 생각하고 낙관적으로 살아가는 것이 성공을 이루고 당신이 원하는 것을 이룰 수 있는 최고의 방법임을 깨달았다.

세상의 외부 환경을 근거로 태도를 형성한다면 어려움에 빠질 것이다. 그럴 경우에는 당신이 긍정적인 태도를 가질 만큼 주변 상황이 늘 완벽해야 할 것이다. 하지만 당신이 모든 상황을 통제할 수는 없다. 또한 그 경우에는 많은 사람이 언제나 완벽하게 행동해야 하지만 당신은 자신을 제외한 어느 누구도 통제할 수 없다. 당신이 그런 생각을 하고 있다면 당신이 긍정적이고 낙관적인 태도를 가질 수 있도록 사실상 우리 70억 명이 당신이 원하는 것에 꼭 들어맞아야 할 것이다. 외부 상황을 근거로 당신이 어떤 태도를 가질지 정해서는 안 된다. 그럴 경우 부정적인 태도를 지녀야 할 이유가 있는 상황이나 사람이 반드시 나올 것이다. 당신의 태도가 가장 강력한 도구가 되기 위해서는 당신 마음속에서 태도가 정해져야 한다.

매스틴 킵

나는 최악의 상황에서도 늘 낙관적이었다.

피터 버워시

모든 것에는 긍정적인 면과 부정적인 면이 있다. 세상의 모든 개별 상황에서 두 가지 면을 모두 발견할 수 있다. 먼저 긍정적으로 상황을 볼 수 있는 사람이 성공할 것이다.

당신은 낙관적인 사람이 되든 비관적인 사람이 되든 무엇이든 선택할 자유가 있다. 옷을 벗듯 예전의 태도를 벗고 매일 활기찬 태도를 새로이 걸칠 수 있다. 낙관과 비관을 택하는 건 이처럼 간단한 일이다.

이제 좋은 일이 생길 것이다

피트 캐롤

어머니는 이제 좋은 일이 생길 거라고 말했다. 처음에는 이를 깨닫지 못했지만 상황이 아무리 어둡거나 힘들더라도 곧 바뀔 것이라는 한결같은 희망이 있다고 생각하면서 살아왔다. 어머니는 내게 이런 선물을 줬다. 이 선물은 내가 긍정적으로 살도록 지켜줬고 늘 상황을 낙관적인 방식으로 바라보도록 해줬다. 이렇게 긍정적인 생각을 하면서 살아온 점에서 나는 매우 운이 좋았다.

지구의 이중성 때문에 긍정적인 경험과 부정적인 경험은 언제나 존재할 것이다. 그러나 외부 상황에도 굴하지 않고 일관되게 좋은 것을 바라보고 긍정적인 태도를 유지한다면 당신은 승리를 거둘 것이다. 긍정적인 태도를 유지하는 데 도움이 되도록 하기 위해서 "이제 좋은 일이 생길 것이다!"라는 피트 캐롤의 어머니의 말보다 더 좋은 말은 없다. 이제 좋은 일이 생길 것이라고 늘 믿는다면 당신의 낙관주의는 오랫동안 포기하지 않을 것이다.

G.M. 라오
상황이 암울할 때조차 나의 정신적 성향이 나를 도운 덕분에 긍정적인 생각을 할 수 있었다.

행복하게 살고 성공하는 사람들은 똑같은 상황에서도 좋은 일을 더 많이 생각한다. 또한 행복을 누리고 돈이 생기고 풍요롭고 의미 있는 삶을 창조하는 것에 관해 더 많이 생각한다.

G.M. 라오
부유한 환경과 부모의 사회적 지위가 높아 좋은 교육을 받았음에도 부정적인 태도로 인해 성공하지 못하는 사람들을 아주 많이 만났다. 부정적인 사고는 사람들을 좌절시킨다.

삶에 대한 비관적인 태도는 곧 불행한 삶을 의미한다. 당신은 살아오는 동안 매사에 비관적인 사람을 분명 언젠가 만난 적이 있으며 그런 사람과 함께할 때에는 당신에게서 에너지와 기쁨이 빠져나간다. 그렇다. 비관적인 태도는 당신에게 확실히 부정적으로 작용한다.

아나스타샤 소아레

비관주의자이고 늘 우울하다면 이는 어떤 꿈이든 망가뜨릴 것이다.

반면에 당신이 아는 사람 중에는 늘 기분이 좋고 삶에 대해 활기차고 밝은 태도를 가진 사람도 분명 있었으며, 이런 사람과 함께할 때에는 아주 멋진 기분을 느끼고 생기가 가득 찬다. 낙관적인 태도는 당신에게 이렇게 긍정적인 작용을 한다.

삶의 모든 부분에서 기뻐 어쩔 줄 모를 만큼 행복해하는 비관적인 사람을 내 앞에 보여달라. 이는 불가능하다. 그런 사람은 원하는 것을 모두 가졌더라도 유리잔이 여전히 절반쯤 비어 있는 것으로 보일 것이다!

피터 버워시

두 사람이 나란히 살고 있다. 한 사람은 아침에 일어나 창문을 활짝 열고 말한다. "좋은 아침입니다. 하느님!" 그러자 비관주의자인 옆집 사람이 말한다. "이런, 아침이네요."

탓하고 불평하는 것으로 한 사람의 삶을 변화시켜 성공과 행복을 가져올 수 있다고 생각하는지 스스로에게 물어보라. 투덜거리고 비판하는 것으로 한 사람의 꿈을 이루고 지속적인 행복을 가져올 수 있다고 생각하는가?

피트 캐롤

우리 프로그램에 늘 적용하는 규정 중 하나는 투덜거리지 않기, 불평하지 않기, 변명하지 않기다. 이런 태도는 힘이 되는 유형의 사고가 아니다. 이런 태도는 우리가 가고자 하는 곳으로 데려다주지 않는다.

슈퍼맨이 투덜거리는 것을 본 적 있는가? 인디아나 존스가 불평하는 것을 본 적 있는가? 제임스 본드가 자기 삶의 운에 대해 다른 사람 탓을 하는 걸 본 적 있는가? 영화 속 슈퍼 히어로들에게서 이런 특성을 본 적이 없을 것이다. 그런 특성을 보이는 순간 당신 눈에는 슈퍼 히어로가 초라해 보이고 더 이상 히어로가 아니라는 점을 영화 제작자들이 알고 있기 때문이다. 게다가 관객들은 뭔가 잘못되었다고 본능적으로 느낄 것이다. 저렇게 부정적인 사람이 어떻게 히어로가 될 수 있지? 답은 나와 있다. 그런 사람은 히어로가 될 수 없다.

남 탓하기, 억울한 마음, 투덜거리기. 불평하기는 우리가 이곳에 와서 살고자 했던 삶을 살지 않고 있을 때 둘러대는 변명이다.

리즈 머리

인간으로서 전보다 암울한 순간에 처했을 때, 우리는 화가 나고 부당하다고 생각하고 남을 탓하기 시작한다. 나는 분노, 부당하다는 생각, 남 탓하기가 서로 사촌 관계라고 생각한다. 이런 것들은 모두 당신이 무엇을 했어야 했는데 하지 못한 것, 당신에게 부족한 것, 누가 당신에게 줬어야 하는데 주지 않은 것들에 관한 것이다. 나는 내게 뭔가를 빚진 사람은 아무도 없다고 생각하면서 자랐다. 당신이 가진 것이 무엇이든 그것을 가질 축복을 받았다고 인식하라. 그것은 그만큼 쉽게 사라질 수도 있기 때문이다. 그것이 훨씬 좋은 태도다.

우리는 남 탓을 하고, 억울해하고, 우는 소리를 하고, 불평하는 사람들을 주변에서 자주 본다. 때문에 그런 태도가 괜찮으며 우리에게 아무 해가 되지 않는다는 잘못된 인상을 받을 수 있다. 하지만 이 모든 부정적인 감정은 당신을 좌절시키고, 굴복시키고, 힘을 빼앗아 마침내 희망이 없다고 느끼게 만든다. 이런 감정은 당신이 원하고 누릴 수 있는 행복으로 당신을 채워줄 수 없다. 이런 감정은 결코 당신을 꿈으로 인도하지 않는다. 이런 감정은 히어로인 당신에게 결코 어울리지 않는다.

레어드 해밀턴

모든 것이 유쾌하고 행복하고 웃음이 가득하며 모든 것이 항상 완벽할 수는 없다. 질투심이 생기고 부러운 마음이 드는 등 이런 모든 부정적 감정이 때때로 생길 것이다. 이는 인간으로 살아가는 한 부분이다. 하지만 이런 부정적 감정이 자라날 토양을 제공할 것인가, 아니면 이런 감정을 몰아내고 긍정적인 것으로 채울 것인가? 당신이 시간을 보내는 동안 대체로 무엇을 하고, 무엇을 생각하며, 무슨 말을 할 것인가? 당신이 어떤 열매를 맺는가는 이에 따라 정해질 것이다.

긍정적이고 낙관적인 태도를 갖는다고 해서 이따금씩 기운이 빠지는 날이 전혀 없다는 의미는 아니다. 기운이 빠지는 날도 분명 있을 것이다. 하지만 이따금씩 기운이 빠지는 날에 대해 말하는 것이 아니다. 긍정적이고 낙관적인 태도를 가짐으로써 당신 삶의 소중한 2만 4,869일(약 70세) 중 얼마나 많은 날을 즐겁게 보낼 것인가에 대해 말하는 것이다.

피트 캐롤

늘 추측하고 당신이 그럴 자격이 있는지 의구심을 품는 마음이 아니라 차분한 마음으로 일상을 꾸려가려고 노력하라. "내가 이 일을 감당할 수 있을지 모르겠어." "내가 하기에는 너무 큰일이야." "전에 한 번도 여기까지 온 적이 없었어." "과거에 여기나 저기까지 가지 못하고 조금 못 미쳤어." 같은 부정적인 생각은 집중력을 흐트러뜨려, 일을 추진할 때 당신이 해낼 수 있을 것처럼 하지 못하게 만든다. 우리는 그런 생각을 할 가능성이 있으며 그렇게 되면 우리가 도달할 수 있는 만큼 잘하지 못할 것이다.

레인 비츨리

때로는 부정적인 생각이 들거나 기분이 가라앉거나 패배감이 들 수 있기 때문에 당신이 어떤 기분인지 알아차려야 한다. 또한 당신이 할 수 있는 가장 중요한 일은 책임을 받아들이고, 그러한 느낌이 당신의 사고방식에서 나왔다는 것을 인정하며, 현재 상황을 바꾸기 위해 뭔가 다른 것을 하겠다고 마음먹는 것이다.

기분이 가라앉을 때에는 기분이 좋아지고 정신이 고양될 수 있는 일을 해야한다. 당신의 기분을 최대한 좋게 만들 수 있는 것 중 지금 이 순간 바로 할 수 있는 최선의 것을 생각해내고, 그 일을 하라.

레인 비츨리

행복하고도 긍정적인 기분을 갖기 위해서는 우선 내가 좋아하고 내 안에 만족감이 쌓이는 일을 해야 한다. 그래서 나는 매일 서핑하러 간다. 서핑을 하면 행복해지고 만족감을 얻기 때문이다.

히어로의 정신은 대체로 긍정적이다. 히어로의 태도는 한결같이 낙관적이다. 긍정적인 정신과 낙관적인 태도의 합(合)은, 당신의 꿈을 실현시켜줄 놀랄 만큼 강력한 도구가 된다. 당신의 생각과 태도가 당신의 삶이 되기 때문이다!

THE HEART OF A HERO

히어로의 마음

용기

레어드 해밀턴

두려움은 우리 안에 항상 존재하는 감정이다. 두려움은 우리가 진화할 수 있게 해준 힘의 한 부분이다.

리즈 머리

두려움은 생리적 반응이기 때문에 당신은 결코 두려움을 없앨 수 없다. 누군가를 기계와 연결시켜놓으면 당신에게 공포 반응이 있다는 것을 볼 수 있다. 당신에게는 언제나 공포 반응이 나타날 것이다.

우리 각자는 개인이지만 다 같은 인간이며 그렇기 때문에 모든 사람이 두려움, 반신반의, 의심, 기쁨, 열정, 희망, 믿음 같은 인간적 감정을 모두 지니고 있다. 히어로의 여정에서 각기 다른 시기에 이런 감정들을 모두 경험할 것이다. 누군가 성공을 거뒀다고 해서 두려움, 반신반의, 의심 등 다른 이들과 동일한 감정을 겪지 않은 것은 아니다. 당신에게 두려움이 있듯이 그들에게도 똑같이 두려움이 있다. 당신에게 의심이 있듯이 그들에게도 마찬가지로 의심이 있다. 성공한 사람은 그런 감정을 느끼면서도 그저 계속해서 자신의 꿈을 추구하기로 결심한 것뿐이다. 그들은 두려움이나 의심 때문에 아무것도 하지 못하거나 꿈을 이루지 못하는 일이 없도록 한 것이다.

매스틴 킵

당신의 꿈이 아무리 크더라도 아니, 설령 작은 꿈일지라도 당신의 안전지대를 벗어나 있는 것은 마찬가지며, 안전지대 밖으로 나가는 것은 곧 공포로 이어진다. 하지만 두려움은 인간의 발달 가운데 가장 많이 오해받는 것 중 하나다. 생물학적 관점에서 볼 때 두려움은 우리를 안전하게 지키기 위해 생긴 것이다. 두려움은 자기보호이기 때문이다.

우리는 인간으로서 두 가지 형태의 두려움을 경험한다. 하지만 생존을 지켜주는 생리적인 두려움은 심리적인 두려움과 다르다는 것을 이해해야 한다.

심리적인 두려움은 생존을 위협하는 위험이 없는데도 우리 머릿속에서 만들어내는 감정이다. 미래가 걸려 있다고 여기는 기말고사를 봐야 할 때, 또는 운전면허 시험을 볼 때 이런 종류의 두려움을 경험할 것이다. 학교 운동시합에서 경쟁을 하거나 많은 사람 앞에서 일어나 연설을 해야 할 때 심리적 두려움을 느끼기도 한다. 이 모든 상황에는 생명을 위태롭게 하는 위협이 없으며 당신이 느끼는 두려움은 심리적인 것이다. 당신의 마음이 만들어낸 두려움이다. 우리 대다수는 히어로의 여정에서 심리적인 두려움만 직면하지만 익스트림 스포츠를 하는 운동선수 등 일부 사람은 두 가지 종류의 두려움을 동시에 경험하기도 한다.

레어드 해밀턴

다들 "당신은 무서워하지 않아요"라고 말한다. 사실은 그렇지 않다. 나는 누구보다도 겁이 많다고 생각한다. 저 큰 파도들이 무섭다. 그러나 당신의 상상은 현실보다 항상 멋지다. 당신이 두려워하는 것에 자신을 맡기고 내던지는 것이 그 일에 적응하고 친숙해지는 가장 중요한 방법일 것이다. 그러고 나면 어느 순간 그것이 지녔던 힘이 사라져버린다.

판타지 영화에서 히어로가 목표 추구 과정을 완수하기 위해 죽여야 하는 용이나 괴물에 맞서는 것을 본다. 영화에서 히어로가 되는 과정은 우리가 꿈을 실현하기 위해 거쳐야 하는 과정과 우리의 삶을 나타낸다. 괴물은 우리 마음속의 의심이나 두려움이다. 영화에서와 마찬가지로 이 괴물을 무찌르고 우리의 꿈을 실현하는 데 이 괴물들이 방해가 되지 않도록 해야 한다.

안전지대 밖에 있는 것을 행하게 되면 그 즉시 이 행위를 통해 두려움과 의심이라는 괴물과 용들을 무찌를 수 있다.

매스틴 킵

두려움 없는 삶을 살고 싶다면 절대로 안전지대를 떠나지 마라. 궁극적으로 볼 때 당신을 행복하게 만들어주는 것은 성장이며 성장하기를 원한다면 끊임없이 안전지대 밖으로 나가야 한다. 그러므로 두려움을 느낀다면 그것은 좋은 일이라는 사실을 이해할 필요가 있다.

두려움을 느끼면서도 안전지대를 밀쳐낼 때 당신을 붙드는 두려움의 힘은 약해지고 당신의 용기는 커진다.

용기라는 단어는 "심장"을 뜻하는 프랑스어 cœur에서 왔다. 당신이 앞으로 나아가는 게 두렵겠지만, 그럼에도 불구하고 뭔가를 행할 때에야 마음에서부터 용기가 생긴다. 이것이 용기를 얻는 방법이다. 행동하기 전에 용기를 먼저 발견하는 반대 순서가 아니다. 용기는 두려운 행동을 하는 데서 생긴다! 용기가 커지면 이전에 무섭다고 생각했던 것들이 그 정도로 무섭지 않다는 것을 깨달을 것이다.

레인 비츨리

목표를 정하는 용기, 그리고 그 목표를 추구하고 달성하려는 신념이 있다면 매일 당신은 안전지대 밖으로 나갈 수 있다. 그러므로 기꺼이 안전지대 밖으로 나가려는 적극성과 용기는 성공에서 반드시 필요한 요소다.

매스틴 킵

『두려움을 느껴라, 그리고 어찌 됐든 행동에 옮겨라』(국내에는 '도전하라 한 번도 실패하지 않은 것처럼―두려움을 긍정의 에너지로 바꾸는 마인드 컨트롤 10단계'라는 제목으로 출간되었다)라는 제목의 좋은 책이 있다. 나는 이 제목을 읽었으며 내가 읽은 것은 제목이 전부였다. 책의 나머지 내용은 읽을 필요가 없었다. 읽지 않아도 알았다. 그리고 그것은 정말 최고의 충고다.

마이클 액턴 스미스

아직도 많은 일들이 무섭다. 수백 명 앞에서 연설하는 것이 두렵다. 존경하는 사람과 처음으로 만나는 일이 겁난다. 하지만 자신을 이러한 두려운 상황 속으로 던질 때에만 오로지 앞으로 나아가고 발전하고 궁극적인 꿈에 좀 더 가까이 다가갈 것이다. "당신이 두려워하는 일을 매일 한 가지씩 하라"는 말을 한 사람이 엘리노어 루스벨트였나? 나는 이런 철학을 좋아한다.

준비를 하면 두려움이 줄어든다. 테스트나 시험, 연설 전에 많은 준비를 할수록 두려움이 적어질 것이다. 결과를 시각화함으로써 당신이 하려는 일에 대비해 마음의 준비를 해야 두려움을 줄일 수 있다. 또한 두려운 일을 시작하자마자 두려움이 사라진다는 걸 발견할 것이다. 정말 그렇다는 사실을 나는 살면서 여러 차례 깨달았다. 어떤 일을 실제로 할 때보다 그 일을 하기 전에 느끼는 두려움이 훨씬 더 크다. 또한 시각화를 실천해왔다면 마음속에 그린 그대로 최종적인 보상을 받을 것이다.

위험을 감수하라

다큐멘터리 「시크릿」을 제작할 당시 나는 경력, 회사, 가정, 평판, 그 밖에 내가 일에서 얻었던 모든 것을 걸었다. 하지만 나는 한 번도 그것을 위험이라고 여기지 않았다. 내 꿈이 실현될 것이라고 확신했다.

G.M. 라오

내 꿈을 성취하기 위해 모든 것을 걸었다. 결과적으로 그것은 내가 가진 것보다 25배나 큰 투자였다. 하지만 꿈을 성취하지 못할 것이라는 생각은 결코 들지 않았다. 나는 늘 여유로운 태도로 일했다.

마이클 액턴 스미스

위험 요소는 매우 중요하다. 터무니없고 무모한 위험을 말하는 것이 아니다. 결과가 어떻게 될지 모르는 상황에서 그 일이 잘될 것이기 때문이 아니라 당신 자신이 확신을 가졌기 때문에 모험을 거는 것을 말한다. 나의 사업철학은 작은 모험을 하는 것이며 어떤 일이 잘 되면 더 많은 것을 하고 그렇지 않을 경우 손을 털고 다시 제도판으로 돌아간다.

아나스타샤 소아레

당연히 무섭다. 하지만 나는 위험을 감수하는 사람이다. 삶에서 위험을 감수하지 않으면 이런 일이 생긴다. 첫째, 당신이 얼마나 강한 사람인지 결코 깨닫지 못할 것이다. 둘째, 결코 성장하지 못할 것이다.

히어로의 여정에는 위험을 감수하라고 요구하는 시기들이 있다. 무섭지만 그래도 그것이 나아가야 할 올바른 단계라면 앞으로 나아가라. 하지만 무섭고 올바른 단계인지 확신이 서지 않는다면, 어느 길로 갈지 좀더 강한 확신이 들 때까지 나아가지 마라. 확신이 서지 않을 때에는 행동하지 마라.

피트 캐롤

나는 서던 캘리포니아 대학교에 있었고 그곳에서 내 인생의 9년을 보냈다.
우리는 제법 큰 승리를 거뒀고 많은 기록을 세웠다. 그 후 내셔널 풋볼 리그
에 갈 기회가 생겨, 그때까지 내가 누린 최고의 시기를 뒤로하고 떠났다. 내
인생에서 가장 큰 위험을 감수했던 일이다. 나는 그때 진행하던 일도 있고
원하는 것도 모두 가지고 있었다. 하지만 내셔널 풋볼 리그는 위험성이 훨
씬 높고 어려운 상황에서 경쟁하고 뭔가를 달성할 수 있는 아주 특별한 기
회였기 때문에 놓칠 수 없었다.

감사하는 마음

G.M. 라오

당신이 가진 것에 대해, 앞으로 다가올 것에 대해 감사하는 마음은 꿈에 이
르는 중요 열쇠다. 이것은 긍정적인 생각, 즉 "모든 것이 세상과 더불어 잘
되고 있다"는 느낌으로 나아가는 첫걸음이며 이런 느낌을 가질 때 우리는
우주의 축복을 받아들일 수 있다.

감사하는 마음은 히어로의 여정에서 반드시 가져야 하는 것이다. 이는 조
용하고 젠체하지 않는 품성이지만 한없이 강한 힘을 지닌다. 히어로의 여
정을 순탄하게 할 뿐만 아니라 좀 더 빨리 앞당기는 방법, 또한 갑자기 당
신 무릎에 뚝 떨어진 것처럼 보이는 기적 같은 상황을 경험하는 방법은 감
사하는 마음에 있다.

레인 비츨리

나는 감사하는 마음에 대해 대단한 믿음을 갖고 있다. 감사하는 마음을 가질 때 모든 것을 넓은 시야로 볼 수 있으며 그 순간에 충실할 수 있다. 감사하는 마음을 가질 때 우주가 계속해서 당신에게 더 큰 행복과 감사하는 마음을 가져다 준다는 것은 정말로 놀랍다.

아나스타샤 소아레

아침에 일어나면, 당신이 건강하고 걸을 수 있고 볼 수 있고 숨 쉴 수 있는 것을 축복이라고 생각하라.

감사하는 마음을 통해 시련, 장애, 문제 등 얼핏 부정적 상황으로 보이는 모든 종류의 것을 줄이고 사실상 없앨 수 있다. 문제에 직면했거나 막다른 골목에 이르러 어떤 출구도 보이지 않을 때 깊은 감사의 행위가 길을 열어줄 것이다. 감사하는 당신의 마음으로 인해 마치 우주가 당신에게 "자유 통행권"을 발행하여 당신으로 하여금 장애를 뛰어넘도록 해주는 것 같다. 당신이 부딪치고 있는 장애가 갑자기 줄어들거나 사라지게 되고, 앞으로 나아갈 길이 뚜렷하게 보이거나 해결책이 생겨 장애를 뛰어넘게 되는 것이다.

피터 포요

감사하는 마음을 모든 일 중에서 맨 앞에 두어야 한다. 첫째, 이곳에 존재하는 것을 대단히 감사해야 한다. 당신 삶에 뭐든 긍정적인 것이 있다면 그것에 대해 감사하라. 그러면 그것이 더욱 커질 것이다. 감사하는 마음이 클수록 좋은 일이 더 많이 생기고, 당신에게 그다지 멋지지 않는 사람이나 사건, 상황은 더 많이 소멸하거나 사라지거나 없어질 것이다. 당신이 더 많이 감

사할수록 당신에게 우호적이지 않은 것들이 더 빨리 증발되고 마니 정말 놀
랍다. 나는 모든 측면에서 이런 일을 수도 없이 목격했다.

여정의 시작부터 감사하는 마음을 갖고 이후 내내 감사하는 마음을 유지한다
면 여정이 훨씬 수월해질 것이며 어떤 어려움도 급격하게 줄어들 것이다. 감
사하는 마음을 갖지 않는다면, 우주가 당신의 꿈을 가장 마법 같은 방식으로
이루는 데 필요한 적합한 사람과 정확한 상황을 구상하고 계획하여 제공해줄
기회를 지나쳐버린다. 그 대신 울퉁불퉁한 길을 가게 되며 아울러 감사하는
마음과 더불어 찾아오는 지극한 행복의 느낌을 놓쳐버린다.

매스틴 킵

감사하는 마음이 가져다 주는 아주 멋진 일은 당신 자신에게서 나와 바깥으
로 향하게 된다는 점이다. 당신이 가진 것에 집중하고 축복받은 것들에 집
중하며 다른 사람들에게 집중한다. 궁극적으로 볼 때 바로 여기에서 성취가
이루어진다. 감사하는 마음을 가지면 당신에게 집중하지 않는다. 이런 태도
가 나의 불행을 멈춰줬다.

마이클 액턴 스미스

반대의 경우 역시 마찬가지다. 부정적인 것, 문젯거리, 걱정거리에 대해 깊
이 생각하면 점점 더 밑으로 가라앉고 더욱 긴장할 것이다. 또한 더 크게
당황하고 불행해진다.

매스틴 킵

감사하는 마음은 성취를 이루는 데 없어서는 안 될 중요 요소다. "성공"했지만 감사하지 않는 사람들을 많이 알고 있으며, 나는 이들과 같은 삶을 원하지 않을 것이다.

피터 포요

항상 유지해야 하는 마음 상태는 감사하는 마음이라고 믿는다. 아니, 그렇게 믿는 것이 아니라 확신한다. 나는 이를 사실로 알고 있다. 내 마음속에 감사하는 마음의 수준을 유지하지 못한 어떤 순간에든 차이가 뚜렷하게 보인다.

마이클 액턴 스미스

기분이 가라앉거나 우울한 날을 보내고 있을 때 커피를 마시거나 하루가 끝날 즈음 욕실에 앉아 내 건강, 친구, 가족 등 내가 감사하게 여겨야 할 것들을 찾아본다. 그러면 갑자기 기분이 좋아진다. 큰 성공을 거둔 사람들은 이런 사실을 이해하고 있다고 생각한다.

다큐멘터리 「시크릿」을 제작할 당시 나는 아침에 일어나 침대에서 나오기 전 10분에서 15분 정도 반드시 감사하는 시간을 가졌다.

피터 포요

심지어 컴퓨터 비밀번호를 정할 때에도 내가 가진 모든 것에 얼마나 감사하고 행복하게 여기는지 매일 나 자신에게 일깨워주는 것으로 정한다.

피터 버워시

내가 어머니에게서 얻은 가장 중요한 것 중 하나가 있다. 그것은 다섯 살에 글을 쓸 줄 알기 시작한 때부터 크리스마스 날이면 내게 선물을 준 모든 사람에게 감사 편지를 다 쓰고 나서야 밖에 나가 놀 수 있게한 점이다. 지금까지도 나는 매일매일 누군가에게 손글씨로 감사 편지를 쓰려고 노력한다.

레인 비츨리

한 달 전 나는 누사(Noosa)라는 곳에서 서핑을 하고 있었다. 파도가 매우 아름답고 바다는 정말 따뜻하고 부드러웠다. 문득 따뜻한 보살핌을 받고 있는 듯한 느낌이 들기도 하고 재미도 있었다. 그래서 이런 놀라운 감사하는 마음이 차오르는 가운데 그 자리에서 멈춰, 멀리 바다를 보며 생각했다. "정말 재미있었어." 그러자 내 옆에 아무도 없는데 갑자기 파도가 불쑥 솟아오르더니 내게 한 번 타보라고 손짓했다. 나는 헤엄쳐 가서 파도를 탔다. 내 생에 타본 가장 길고 멋진 파도였다. 파도타기가 끝난 뒤 나는 뒤돌아 바다를 보면서 말했다. "감사합니다."

감사하는 마음을 갖기 전까지는 이런 감사의 마음이 당신의 삶 전체를 바꾸는 힘이 있다는 것을 결코 알지 못한다. 또한 감사의 마음을 발견한 사람들은 모든 사람이 듣기를 바라면서 이런 감사의 마음에 대한 예찬을 노래할 것이다.

리즈 머리

어머니를 묻은 뒤 나는 친구 집에 가서 그의 집 거실에 앉아 있었다. 내 친구 바비는 어머니가 저녁식사로 요리한 폭찹을 태웠다고 불평하기 시작했다.

다른 친구는 직장 상사에 대해 불평을 했고 또 다른 친구는 학교를 중퇴한 일에 대해 불평했다. 나는 친구들을 보면서 어머니와 소나무 상자를 생각했고 나 자신을 보았다. 나는 우리가 얼마나 운이 좋은지 깨닫기 시작했다. 얼마나 많은 축복을 받았는지도 알았다. 우리에게는 건강이 있기 때문이다. 우리는 살아 있다. 감사하는 마음이란 당신이 가진 모든 것 하나하나가 사실은 그렇게 쉽게 가질 수 없었던 것임을 깨닫는 것뿐이라고 믿는다. 그러자 모든 것이 뚜렷하게 보였다. 내가 가진 부가 보였다. 나는 살아 있고 건강하며 젊을 뿐만 아니라 이런 멋진 친구를 두었기 때문이다. 우리는 완벽하지 않지만 서로를 좋아했다. 밤이면 그들의 집 소파와 바닥에서 잠을 잘 수 있었다. 나는 공원과 복도에서 잠을 잔 적이 많았지만 죽지 않았다. 지구상에 있는 모든 사람을 생각하고 그들이 겪는 일을 생각한다면 나의 가난과 비교조차 할 수 없는 사람들이 많다. 내게 살 곳이 없고 먹을 것이 없음에도 내가 어떤 특권을 누리는지 깨달았다.

직관

피터 버워시

나는 6년 동안 전 세계 지도자들을 연구했고 이들의 99.9퍼센트는 직관이 논리보다 훨씬 중요하다고 말했다. 논리는 학습으로 배운 것이며, 직관은 당신이라는 사람 그 자체다. 그렇다고 현실적인 생각을 하지 못한다거나 논리와 상식을 이용하지 못한다는 의미가 아니라 맨 처음 드는 감정적 느낌이 아주아주 중요하다는 의미다.

"당신의 마음과 직관을 따를 수 있는 용기를 지녀라. 마음과 직관은 당신이 진정으로 무엇이 되고 싶은지 이미 어떤 식으로든 알고 있다."

스티브 잡스
애플사 공동 창립자

매스틴 킵

직관은 당신의 꿈을 현실로 만들기 위해 반드시 필요한 기본 도구다. 당신의 직관을 신뢰하지 않으면 계속 실패할 것이다.

직관은 매우 강하고 강렬한 느낌과 함께 찾아오는 섬광 같은 인식이다. 이 느낌은 우리 삶에서 어떤 일이 일어나는 특정 길로 가라거나 때로는 그 길로 가지 말라고 촉구한다. 이 느낌은 항상 직접적이고 강하지만 사람들은 자신이 받은 믿기지 않는 메시지를 나중에 비판적으로 검토하는 경우가 많다. 또한 의식적 정신이 개입하여 이 메시지를 귀담아듣지 말라고 설득하는 소리에 넘어간다.

마이클 액턴 스미스

나는 직감을 대단히 잘 믿는다. 직감이란 근거가 없는 미신이나 터무니없는 것일 뿐이라고 여기는 사람이 많다. 하지만 나는 직감에 뭔가 들어 있다고 생각한다. 잠재의식은 의식적 뇌보다 훨씬 많은 것을 알아차리며 잠재의식은 직감을 통해 우리에게 말해주기 때문이다. 어떤 사람이나 상황에 대해 느낌을 받을 때에는 이 느낌에 귀 기울이는 것이 아주아주 중요하다. 경험 상 직감이 성과를 가져다 주는 경우가 자주 있다.

직관이 무엇인지, 어디서 생기는지 과학에서는 아직 알아내지 못했다. 하지만 오래된 가르침에서는 직관이 우주정신이라는 더 높은 차원의 의식에서 비롯된 인식임이 밝혀졌다. 이 인식은 진동을 통해 잠재의식으로 전달된다. 이후 진동은 뇌와 우리 신체의 특정 내분비샘으로 전달되고, 이 기관에서는 우리가 이해하는 방식으로 인식 내용을 해석한다. 직관적 자극이 있을 때 뱃속이나 심장 주변에 어떤 느낌이나 뭉클한 감동이 찾아오는 것도 이런 이유 때문이다.

간단하게 말해서 당신의 직관은 우주가 전하는 메시지다. 우주정신의 관점에서는 저 앞에 무엇이 있는지 정확하게 보이고 우주는 우리에게 특정 길을 따라가라고 영감을 준다. 이런 메시지를 받고 나서 나중에 비판적으로 생각하지 마라. 그에 반대되는 증거가 있더라도 우주정신은 길을 알고 있으므로 당신의 직관을 믿어라.

존 폴 드조리아

나는 주로 직관으로, 즉 사람에 대한 느낌으로 직원을 고용한다. 사업 상 누군가와 함께 일을 해보려고 고려할 때 나는 직관을 따른다. 영혼 을 느끼기 때문이다.

레인 비츨리

우리는 직관의 가치를 과소평가하며 자신의 본능을 믿지 못한다. 내가 저지른 가장 큰 실수 중 몇 가지는 나의 직관에 귀 기울이지 않았거나 귀를 기울이고도 의문을 품었기 때문에 생겼다. 당신은 직관을 믿는 법을 깨우쳐야 한다.

우리 중 많은 이가 그렇듯이 당신은 자기도 모르게 직관력을 정지시켰을지도 모른다. 하지만 그 능력을 다시 깨어나게 할 수 있다. 직관을 사용하면 직관이 강화되며 성공한 사람들이 직관에 그토록 중요성을 부여하는 이유도 그 때문이다. 그들은 직관을 믿었으며 직관에 따랐고 그대로 행동했다. 그럼으로써 그들의 직관 능력은 엄청나게 확장되었다. 성공한 사람의 대다수는 거의 모든 결정을 내릴 때 직관을 사용한다.

레어드 해밀턴

나는 직감이 들 때마다 그에 따라 행동한다. 흥미로운 점은 당신이 직감에 따라 행동하는 것을 의식할수록 이런 일을 더 잘하게 된다는 것이다. 사실 당신은 이 삶의 기술을 더욱 능숙하게 잘할 수 있다.

당신의 직관을 믿고 더 자주 직관을 따르는 것 말고도 직관 능력을 키울 수 있는 쉬운 길이 있다. 물음을 던져보라!

물음을 던질 때 당신의 직관을 통해 답을 "얻는다." 답을 빨리 확인할 수 있다고 여기는 쉬운 물음, 가령 "그가 몇 시에 도착할까?"라든가 "그가 오늘 어떤 색 옷을 입고 올까?" 같은 쉬운 물음부터 시작할 수 있다. 전화벨이 울리는데 전화기가 당신 앞에 없을 때 "누구 전화지?"라고 물어라. 때때로 머리로 답을 찾으려고 하는 때도 있겠지만 물음을 던질 때 머리를 쓰지 않고 당신의 머리가 수신 상태에 있도록 할 수 있다면 훈련이 거듭되면서 전화를 건 사람의 이름이 머릿속에 번쩍 떠오를 것이다.

물음을 던지거나 해결책을 구할 때에도 답이 당신에게 전달될 때와 같은 과정을 거치는데 순서만 정반대다. 이 경우에는 당신의 물음이 밖으로 전달되어 우주정신에 닿는다. 사업가들이 당시의 세상에 필요한 완벽한 아이디어를 구할 때에도 바로 이러한 과정을 거쳐 결과적으로 당시의 세상에서 필요로 하는 것과 정확히 일치하는 아이디어를 얻는다는 것을 이제 당신도 이해할 것이다!

직관을 개발할수록 특정 일을 하라는 직관의 요청과 영감을 더욱 많이 얻기 시작할 것이다. 또 이런 요청과 영감이 옳았다는 것이 증명될 때 많은 성공한 사람들과 마찬가지로, 당신도 직관을 믿고 이 직관이 당신의 가장 강력한 능력의 하나라는 것을 확신할 것이다.

THE WAY OF THE HERO

히어로의 방식

황금률

레어드 해밀턴

당신이 우리 어머니에게 "이 잡지 표지에 제 얼굴이 실렸어요" 또는 "제가 이 일을 해냈어요"라고 말할 수 있다. 그러면 어머니는 말할 것이다. "멋지구나. 그런데 너는 사람들을 어떻게 대하고 있니?"

피터 포요

다른 사람들이 당신을 대우해주기를 바라듯이, 당신도 그들을 대우하라. 남에게 대접받고자 하는 대로 너희도 남을 대접하라.

어떤 행동을 할 때 긍정적이든 부정적이든 그 결과를 경험하지 못했다면, 우리는 아무것도 배우지 못하고 진화하지도 못했을 것이다. 뜨거운 철을 만지거나, 근무 시간에 잠을 자거나, 전화 요금을 내지 않을 때 그 결과가 어떤지는 알고 있다. 하지만 많은 사람이 간과하는 것이 있다. 우리를 성장시키는 가장 중요한 경험은 다른 사람을 대하는 방식에서 기인한다는 것이다.

피트 캐롤

우리가 삶에서 다른 사람을 대하는 방식은 절대적으로 중요하다. 우리 프로그램의 원칙 중 하나는 모든 사람을 존중하는 것이다. 정말 좋은 훈련은 당신이 주변 사람 모두를 어떻게 대하는지 염두에 두는 것이다. 이 훈련은 당신이 가고자 하는 목적지로 잘 이끌어줄 것이다.

존 폴 드조리아

주변 사람을 비딱하게 대하는 것은 전혀 도움이 되지 않는다. 당신이 좋은 사람이라고 생각할 때가 많겠지만 그렇지 않다. 사람들에게 심술궂게 굴지 마라. 그런 태도는 당신의 앞길을 막을 것이다. 이는 행동의 기본이 되는 황금률이다. 남에게 대접받고자 하는 대로 너희도 남을 대접하라.

> "중요한 사람이 되는 것은 좋은 일이다. 그러나 좋은 사람이 되는 것이 훨씬 더 중요하다."

로저 페더러
테니스 챔피언

다른 사람을 선한 마음으로 대하지 않으면 진정한 행복을 찾을 수 없다. 우리는 모두 연결되어 있다. 한 가족의 일부이며 우주는 우리 모두를 살핀다. 우리가 사실상 다른 사람에게 해를 가하면 이는 우주에 해를 가하는 것이다. 큰 실수를 범하는 것이다…… 정말 큰 실수다!

마이클 액턴 스미스

나는 다음과 같은 행동이 올바른 일처럼 느껴진다. 인생을 살아가는 올바른 방법. 부탁드린다고, 감사하다고 말하는 것. 다른 사람을 존중하는 것, 당신이 어떤 상황에 있든 다른 사람에게 힘이 되는 것. 이런 태도는 매우 중요하다.

존 폴 드조리아

다음으로 당부하고 싶은 것은 소문을 퍼뜨리지 말라는 것이다. 당신은 어떤 일에 관해 전반적인 진실을 알 수 없다. 게다가 이는 지구에 내보낼 좋은 주파수가 아니다. 긍정적인 주파수를 내보내라. 당신은 자신과 주변의 모든 것을 더디게 만드는 부정적인 주파수를 내보내고 있다.

선물을 줬는데 상대가 무례하고 당신에게 고맙다는 말을 하지 않고 당신의 몸짓을 이해하지도 못한다면, 당신은 그 사람에게 다시는 선물을 사주지 않을 것이다. 마찬가지로 우리가 무례하고 감사할 줄 모르며 다른 사람에게 못되게 군다면 어떻게 될까? 좋은 운, 즉 "행운"과 멋진 기회라는 삶의 선물을 받지 못할 것이다. 어떤 상황에 있든 사람들을 친절하게 대한다면 우주는 당신에게 친절로 보답할 것이다. 삶은 우리 모두에게 이러한 방식으로 작용한다.

레어드 해밀턴

이것은 놀라운 일이다. 당신이 넉넉한 마음으로 베풀면 당신이 되돌려받고, 남들도 당신에게 넉넉하게 굴 것이다. 당신은 사람들에게 이런 이야기를 해주지만 이는 오히려 너무 단순한 생각이라서 사람들은 이해하지 못한다.

레인 비츨리

당신의 모든 선택, 모든 말과 행동에는 결과가 따르며, 다른 사람에게 영향을 미친다는 사실을 명심해라.

폴 오팔리어

나는 업보를 믿는다. 당신이 세상에 내보낸 것들은 언젠가 다시 돌아온다. 그러니 좋은 일을 하라. 그리고 항상 당신 몫의 세금을 내라.

"각자 무엇이라고 일컫든 뉴턴의 제3 [운동] 법칙 또는 업보에 대해 나는 오랫동안 의식해왔다. 나는 이를 인과관계라고 부른다. 당신이 세상에 내보낸 에너지는 되돌아오게 돼있다. 비유를 하자면 열매는 씨앗 속에 들어 있다. 사과 씨를 뿌리고 아보카도 열매가 열리기를 기대할 수 없다. 당신 삶의 결과는 당신이 행한 일과 당신의 행동방식에서 싹튼다."

톰 새디악
영화감독

피터 버워시

"업보를 믿지 않는다"고 말하는 사람들이 많다. 이것은 당신이 믿고 안 믿고의 문제가 아니다. 그냥 벌어지는 일이다.

히어로의 여정이 지속될 수록 당신은 더욱 성장하고 당신의 정신은 더욱 확장된다. 그리하여 당신의 정신은 이전까지 한번도 보지 못했던, 일상의 삶 너머에 있는 일을 통찰력 있게 관찰할 정도로 확장될 것이다. 누군가를 위해 선행 또는 친절을 행하면 당신에게 아주 멋진 일이 일어나는 것을 알게 된다. 다른 누군가에게 못되게 행동하면 당신에게 뜻밖의 나쁜 일이 생긴다는 것도 알게 된다. 당신과 다른 사람들이 보이는 행동의 결과를 관찰함으로써 당신은 삶이 어떻게 진행되는지 인지하기 시작한다. 패턴이 보이고, 내부의 진행방식이 보이고 삶의 리듬이 보인다. 이전까지 당신이 어둠 속에 있었다면 이제는 모든 것이 선명하게 보이기 시작한다.

레어드 해밀턴

나는 한 가지 축복을 받았다. 나는 이를 가리켜 순간적인 업보라고 일컫는다. 내가 어떤 불결한 말을 하고 나서 외출을 하면 발가락을 찧거나 머리를 부딪친다. 부정적인 기운이 곧바로 이런 대가를 치르게 하는 것이다. 이는 내게 늘 긍정적이어야 하며 좋은 말을 해야 한다고 일깨워준다. 그렇지 않을 경우 즉각적인 대가를 치르기 때문이다. 바다에 나갔을 때 누군가에게 불손하게 굴고 나면 파도와의 싸움에서 완전히 지곤 했다. 반면 다음에 긍정적이고 너그럽고 공손한 마음으로 바다에 나가면 멋진 파도를 타는 축복을 받았다.

G.M. 라오

내가 사업을 하는 목적은 경제적 이익을 얻는 데 그치지 않는다. 사회에 지속적인 영향을 미침으로써 나의 업보로 이뤄야 할 더 높은 목적이 있다고 믿는다. 사업이란 사회에 대한 봉사다. 어떤 사업이든 사회에 창출하는 가치에 비례해 번창한다.

다른 사람에 대해 나쁘게 말할 때 기쁘거나 행복하지 않다는 것을 당신도 알고 있다. 이 불쾌한 기분은 그런 행동이 당신 안에 있는 히어로와 전혀 어울리지 않는다는 증거다. 또한 그런 행동의 결과는 당신의 정신적·육체적 건강과 행복에 영향을 미친다.

아나스타샤 소아레

사람들에게 해가 될 만한 행동을 멀리하려는 이유는 하나다. 바로 나 때문이다. 그런 행동을 하고 나면 너무 속상해서 마음이 복잡해진다. 그러니 내 입장에서는 할 필요가 없는 행동이다. 누구보다도 나 자신이 가장 큰 피해를 입기 때문이다. 또한 뭔가 좋은 일을 할 수 있다면 그 일을 할 것이며 그에 대한 반대급부는 원치 않는다.

"친절한 행동을 할 때, 즉 긍정적인 에너지를 내보낼 때 당신은 행복해진다. 인간은 이러한 방식으로 서로 연결되어 있다. 따라서 업보에 어떤 목적이 있다면 그것은 뭔가 긍정적인 에너지를 돌려받겠다는 의도에서 긍정적인 에너지를 내보내는 것이 아니다. 긍정적인 에너지를 내보낸 뒤 당신의 삶에서 긍정적인 영감을 받는 것이 목적이다. 그 지점에서 소원이 이뤄진다. 또한 그런 이유 때문에 진정한 혁명이란 개인의 혁명이다."

톰 섀디악
영화감독

겸손

레인 비츨리

히어로의 여정을 시작했다면 두 발이 땅을 딛고 있다는 현실감과 겸손함을 유지하는 것이 정말로 중요하다.

피터 버워시

진정으로 겸손한 사람이 되라. 겸손하다면 귀 기울여 들을 것이고, 귀 기울여 들으면 배울 것이고, 배우면 가르칠 수 있기 때문이다.

매스틴 킵

내 선생님은 내게 높이 올라갈수록 겸손해야 한다고 말했다. 겸손이란 다른 사람이 언제나 가까이 다가가기 쉬운 상태를 유지하는 것이라고 했다. 당신이 오늘 성공을 이루고 베스트셀러 저자가 되었다고 해서 그 성공이 보장되는 것은 아니기 때문이다.

폴 오팔리어

아버지는 늘 당부했다. 만일 실패하게 된다면 가장 큰 이유는 지난 성공으로 우쭐했기 때문이라고.

우리가 히어로의 길을 가는가 그렇지 않은가는 우리의 행동과 다른 사람을 대하는 태도로 결정된다. 히어로는 친절하고 겸손하다. 따라서 히어로의 길도 친절하고 겸손하다. 우리의 행동은 꿈을 향한 여정으로 우리를 나아가게 하는 발판이 되기도 하고 우리를 후퇴시키는 디딤돌이 되기도 한다. 선택은 우리에게 달려 있다.

COMMITMENT

전념하라

아나스타샤 소아레

문이 굳게 닫혀 있더라도 문을 두드리거나 부수거나, 창문을 통해 안으로
들어가리라는 것이 나의 의지이자 다짐이었다. 그러지 않을 도리가 없었다.

정말로 원하는 일이 있다면 저절로 그 일에 전념한다. 생각조차 하지 않은 채
곧바로 뛰어든다. 정말 보고 싶은 영화가 있다면 애써 노력하지 않아도 극장
에 가서 영화를 보기로 다짐한다. 사랑에 푹 빠져 있다면 상대를 만나기 위해
모든 것을 쏟는 스스로를 어쩌지 못한다.

레어드 해밀턴

우리가 바다에서 하려는 활동과 관련하여 중요한 사항이 하나 있다. 이 활
동에 전념해야 한다는 것이다. 어중간한 파도타기란 있을 수 없다. 파도를
타든가 타지 못하든가 둘 중 하나다. 모든 파도와 파도타기는 믿음이자 전
념하기다. 당신은 그런 도약을 하는 것이다.

123

레어드 해밀턴은 전념한다는 것이 무엇인지 알고 있다. 만약 더 깊이 전념하게 해줄 자극이 필요하다면, 레어드 해밀턴의 비디오를 보라. 그가 타히티 섬 남서 해안 티후푸에서 세계에서 가장 위협적인 파도 중 하나를 타기 위해 전념하는 모습이 나온다.

세계에서 가장 거대한 파도로 알려져 있는 티후푸의 파도에는 높이가 무려 6.4미터에 건물만큼이나 두꺼운 파도가 시종일관 무섭게 밀려와 아주 얇고 날카로운 암초 위에 부서진다. 티후푸의 파도가 그처럼 거대할 때 파도타기를 하려면, 제트스키에 매달려 빠른 속도로 달리다가 밧줄을 놓는 방법만이 유일한 길이다.

레어드가 밧줄을 놓아야 비로소 그의 뒤로 솟아오르는 이중벽의 무시무시한 파도를 볼 수 있다. 모든 것을 걸고 파도를 탈지 말지 몇 분의 1초만에 결정을 내려야 한다. 그가 파도를 타는 데 전념하지 않았다면 산 같은 파도와 그 아래 있는 위험한 암초로부터 살아남을 가능성은 거의 없었을 것이다. 하지만 레어드 해밀턴은 가능성의 한계를 깨뜨리고 파도타기의 새로운 역사를 만들어냈다.

리즈 머리

당신이 해야 하는 일이 무엇이든 그 일을 하기 위해 지금 이 순간 당신이 가진 것으로도 충분하다고 확신하는 데에는 특별한 무엇이 있다. 한 가지가 부족하다고 늘 생각한다면, 즉 "그 일을 하기 위해서는 이것부터 해야 해"라고 생각한다면 이는 적기를 기다리는 것이다. 하지만 적당한 때란 없다.

적당한 때는 결코 미래에 찾아오지 않는다. 지금이 바로 그 적기다. 또한 완전히 전념할 때 문을 열고 당신의 꿈으로 나아가는 단초가 마련된다. 반대 순서로 되는 법은 절대로 없다. 당신이 모든 것을 쏟고 전념하기 전에는 오로지 벽만 보일 것이다.

마이클 액턴 스미스

자신이 가진 모든 것을 쏟듯이 전념해야 한다. 건성으로는 이룰 수 없다. 진실로 전념할 때 당신 몸의 모든 힘줄, 그리고 당신이 깨어 있든 꿈을 꾸든 잠재의식과 의식을 포함한 모든 것이 함께 작용하여 당신으로 하여금 노력을 기울이게 만든다. 그리고 이것이 차이를 만들어낸다.

레어드 해밀턴

당신이 전념할 때 유리한 상황이 찾아온다. "나는 아주 똑똑해, 이런 걸 생각해내다니"라는 말을 나도 하고 싶지만 어느 누구도 그만큼 똑똑하지 않다. 그 일이 가능하다는 믿음 하나로 모든 것을 걸고 전념했기 때문에 그러한 여건이 당신에게 주어진 것이다.

레인 비츨리

생각지도 않게 갑자기 당신에게 지침이 제시되고 우주가 여건을 제공한다. 학생이 준비가 되었을 때 스승이 나타날 것이라는 훌륭한 격언대로 된다.

매스틴 킵

당신이 꿈을 이루기 위해 완전히 전념할 때 문이 열릴 것이다. 사실 나는 문이 항상 그곳에 있었다고 생각한다. 하지만 당신이 완전히 전념할 때에만 문이 보이는 것이다.

G.M. 라오

나의 헌신이 내 삶에 대한 보증이 되었을 때 운명적인 문이 열렸다. 델리 공항 건설에 입찰했을 때의 일이다. 우리는 세계 최고의 공항을 건설하기 위해 나섰다. 이는 우리의 꿈이었다. 이 프로젝트에 세계 최고의 공항 개발자들이 모여들었고 입찰 과정은 매우 복잡하고 힘들었다. 우리는 가장 유능한 협력자들, 세계 곳곳의 최신 기술에 해박한 전문가들, 뜨거운 열의가 가득한 입찰 팀을 모아 준비에 들어갔다. 전 세계의 현대적인 공항을 찾아가 직접 보고 배웠다. 이 과정에서 모든 장애를 극복했고 유일하게 기술적 자격을 갖춘 입찰자로 부상했다. 하지만 여기가 끝이 아니었다. 입찰 과정에서 법적 문제들을 해결해야 했고 최고 법정까지 갔다. 그 결과 빡빡한 일정이 더욱 힘들어졌다. 세계에서 다섯 번째로 큰 공항을 건설하는 일이었으며 58개 부서가 협력 작업을 해야 하므로 매우 복잡했다. 프로젝트에 착수하자 모든 일이 잘 돌아갔다. 25억 달러에 가까운 자본이 조달됐고 27개국에서 4만 명 이상의 노동자와 엔지니어가 모였다. 37개월이라는 기록적인 기간에 공사를 마쳤다. 우주는 세계 최고의 공항을 건설하겠다는 우리의 꿈과 헌신에 축복을 내려줬고 목표를 이루도록 평탄하게 길을 닦아줬다. 오늘날 이 공항은 199개 가운데 네 번째로 좋은 공항에 꼽힌다.

우리는 꿈을 추구하는 사람들을 보면 그들이 그럴 만한 특권을 지녔을 것이라고 오해한다. 사실은 그 반대다. 당신이 히어로의 여정 속으로 뛰어들 때 특권이 따라온다. 당신의 꿈을 이루기 위해 전념한다면 이는 마치 당신의 꿈을 도와줄 사람이 우주의 소환을 받아 필요한 때에 맞춰 당신에게 필요한 모든 것을 들고 당신 앞에 딱 나타나는 것과 같다.

전력을 다하는 헌신과 우주

내 딸의 남자친구는 앞날이 보장되는 확실한 일자리를 갖고 있었다. 그 직장에서 15년 이상 열심히 일한다면 조직의 임원으로 차차 승진하리라고 믿었다. 하지만 그는 이 일에서 행복을 전혀 느끼지 못했다. 매우 열심히 일했지만 그 목적은 오로지 그가 무엇보다 좋아하는 서핑을 하기 위함이었다! 그리하여 이 젊은 청년은 큰 결단을 내렸다. 행복을 추구하기로 결심한 것이다.

그는 기업 세계를 떠나 서핑 보드를 제작하는 꿈의 일을 시작하기 위해 몇 달에 걸쳐 계획을 세웠다. 그리고 자신이 한 말을 지키기 위해 스스로 다짐했던 바로 그날 회사를 그만뒀다. 그가 가진 것이라고는 꿈, 그리고 이 꿈을 이루기 위해 모든 것을 다하겠다는 다짐밖에 없었지만 우주는 그를 위해 다음과 같은 일들을 준비해줬다.

지역의 성공한 서핑 보드 제작자가 그에게 서핑 보드 제작 과정을 견학하도록 허락해줬다. 또 다른 제작자는 무료로 서핑 보드 제작 수업을 해줬고, 돈을 더 아낄 수 있도록 몇 가지 제작 도구를 만드는 법을 알려줬다. 그래픽 디자이너는 그의 새로운 사업에 쓸 로고를 무료로 만들어줬다. 어떤 서핑 용품

상점에서는 그가 필요로 하는 물품들을 도매가로 제공해줬다. 그의 아버지는 작업실을 만들기 위한 설비와 조명, 선반 등을 제공했고 아울러 작업실을 만들 공간도 무료로 쓸 수 있게 해줬다. 그곳에는 누구라도 갖고 싶어할 캘리포니아 해안과 바다의 숨 막힐 듯한 전경이 펼쳐져 있었다. 이제는 그가 어디를 가든 사람들이 자신을 위한 서핑 보드를 제작해달라고 의뢰하고 있다.

이 모든 일이 겨우 2주 동안에 일어났다. 이것이 바로 당신이 꿈에 전념할 때 우주가 불러들이는 힘이며, 당신이 행복을 추구할 때 당신에게 쏟아져 내릴 "특권들"이다.

매스틴 킵

꿈이 있다면 차선책을 세우지 마라. 차선책이 있다면 결국 차선책에 머물 것이라고 스미스는 말할 것이다. 당신은 최선책에 모든 것을 쏟아야 한다. 당신의 모든 사랑과 믿음, 모든 에너지와 투지를 쏟아야 한다.

레어드 해밀턴

당신에게 대안이 있다. 그리고 그 대안이 무엇이 됐든 손쉽게 할 수 있는 일이기만 하면 해낼 수 있다는 것을 알고 있다. 하지만 이런 대안은 당신이 활용할 방안이 아니다. 당신이 거기에 집중하기 시작하면 그것이 당신의 계획이 될 것이다.

무슨 일이 일어나든 괜찮을 거라고 믿음으로써 마음속에 든든한 안전망을 마련해도 좋다. 하지만 당신이 진지한 마음으로 차선책을 세운다면 당신의 잠재의식이 이 계획을 먼저 실현시킬 것이라는 위험을 감수해야 한다. 모든 주의와 집중력을 최선책에 쏟아라. 그러면 그 계획이 실현될 것이다!

투지

레어드 해밀턴

꿈을 추구하는 과정에서 결코 좌절하지 말고 끈기를 보여야 한다.

G.M. 라오

일단 다짐을 하면 그 일을 성공시키겠다는 투지가 생겨났다.

피트 캐롤

모든 사람의 투지가 똑같지는 않다. 장애가 생기고 의심이 들기 시작할 때 모든 사람이 동일한 투지를 보이고 이에 힘입어 계속 일을 추진하는 것이 아니다. 하지만 바로 여기에 가능성이 들어 있다.

아기였던 당신이 걸음마를 시작하려고 할 때 수백 번 넘어졌다. 처음 혼자 힘으로 밥을 먹기 시작했을 때 음식을 눈이나 볼에 가져가면서 온 얼굴에 음식을 묻혔다. 말을 배우는 과정은 온갖 실수로 가득한 기나긴 여정이었지만 당신은 단 한 번도 포기하려는 생각을 하지 않았다. 투지는 당신이 가진 본성의 일부다. 당신 안에 투지가 있으며 또다시 그런 투지를 발견할 수 있다.

마이클 액턴 스미스

우리는 자력으로 사업을 계속 진행하기 위한 현금을 그럭저럭 끌어모을 수
있었다. 하지만 힘겨웠다. 은행은 당신에게 돈을 빌려주려 하지 않을 것이
다. 당신이 뭔가를 해낸 경력이 없다면 누구도 당신에게 모험을 걸려고 하
지 않을 것이다. 당신은 일단 소매를 걷어붙이고 길을 찾아야 한다.

꿈을 향한 불타는 욕구를 갖고 있다면 그 꿈을 현실로 만들기 위해 필요한 모
든 투지가 생길 것이다. 조금은 기운 빠지는 날도 있을 테고, 당신 자신에게
의심이 들거나 당신이 해내지 못할 것이라고 느끼는 날도 있을 것이다. 하지
만 당신의 불타는 욕구가 그런 날들을 헤쳐나가도록 해줄 것이다. 그 욕구는
포기하고 싶은 일시적인 감정을 잠재우고 당신이 어떤 어려움에 부딪치더라
도 뚫고 나가도록 다짐과 투지를 불어넣는 강력한 힘이다. 다큐멘터리 「시크
릿」을 제작할 당시 나는 욕구와 믿음이 너무도 강렬해서 투지를 얻는 문제에
관해 생각조차 하지 않았다. 나의 강한 욕구는 곧 내 안에 이미 투지가 가득
하다는 것을 의미했기 때문이다.

아나스타샤 소아레

나는 신용 카드가 필요했다. 그래서 은행을 찾아갔지만 은행에서는 내게 신
용 카드를 발급해주려 하지 않았다. 나는 거래 실적이 없었고 어머니도 마
찬가지였기 때문이다. 나는 비벌리힐스에 있는 웰스파고 은행 지점장에게
말했다. "당신이 도와주지 않으면 어떻게 내가 신용을 쌓을 수 있겠어요? 내
게 500달러를 내주세요. 내가 500만 달러를 달라고 요구하는 게 아니잖아
요. 은행에 1,000달러를 넣을 테니 내게 500달러를 주세요." 그는 내 요구
를 들어주려고 하지 않았다. 내가 말했다. "잘 들어요. 은행 앞에서 내 몸에

불을 지를 거예요." 그러자 지점장이 내게 500달러 신용 카드를 줬다. 지금도 나는 웰스파고의 고객이다.

투지는 당신 스스로를 믿었을 때 자연스럽게 생겨난다. 가령 코치나 개인 트레이너는 우리에게 긍정적인 영향을 준다. 그들은 우리가 더 나아질 수 있다고, 그 일을 해낼 수 있다고 지속적으로 말해주고, 매 단계마다 우리를 설득하며 격려하기 때문이다. 우리를 신뢰하는 그들의 믿음이 있기에 우리도 꿈을 이룰 수 있다는 믿음을 가지며, 우리가 믿음을 지닐 때 뭐든 해낼 수 있는 투지가 생긴다. 이제 당신이 자신만의 코치가 될 수 있다! 긍정적인 자기 대화로 자신을 설득하며 격려할 수 있다. 당신이 그 일을 할 수 있다고 <u>스스로</u>에게 말하라. 그보다 훨씬 힘든 시기도 이겨냈다고 <u>스스로</u>에게 말하라. 그 일에 필요한 자질을 이미 갖추고 있음을 각성하라. 당신은 다짐을 했고, 그동안 꿈꿔온 성공이 손 안에 있다고 <u>스스로</u>에게 말하라. 당신은 '반드시' 승리를 거둘 것이라고 용기 있게 말하라! 잠재의식이 당신이 말하는 한 마디 한 마디를 다 들을 것이다. 당신은 '반드시' 그 일을 해낼 것이다!

매스틴 킵

꿈은 씨앗과 같다. 이를 가꾸는 데는 시간이 걸린다. 하룻밤에 되는 일이 아니다. 우리는 꿈이 획득의 대상이라는 것을 잊었다. 우리는 즉각적 만족에 빠져 있다. 지금 당장 내게 줘, 하지만 난 그걸 얻기 위해 아무것도 하지 않을 거야, 그냥 줘, 라는 식이다. 꿈은 달성하는 것이다. 꿈은 획득된다. 아직 꿈을 이루지 못했다면 계속 시도하라.

결코, 결코, 결코 포기하지 마라

레어드 해밀턴

그냥 포기해버리는 것은 너무 쉽다. 포기는 회피하는 것이다. "난 나이가 많아. 난 이래. 난 저래"라는 식이다. 이는 정말로 노력을 이끌어내지 않으려는 포기 각서일 뿐이다.

피트 캐롤

당신이 끝났다고 느낀다면 정말 끝난 것이다. 거기에는 희망이 없기 때문이다. 우리는 아무 희망도 없는 지경에 이르고 싶어하지 않는다. 희망은 항상있다. 내가 보기에는 뭔가 좋은 일이 늘 당신 쪽으로 가고 있다.

리즈 머리

당신에게 엄청난 투지가 넘치더라도 어느 날 포기해버리고 싶은 때가 찾아온다. 나는 꽤 많은 거절을 당했고 거의 우울증에 빠질 지경이었다. 그날도 나는 100만 번째로 거절을 당했다. 이 학교들을 목록에서 모두 지웠고 이제 목록에는 남은 학교도 거의 없었다. 더 이상 나를 받아줄 만한 학교도 없었다. 선택을 해야 하는 순간에 이르렀다. 주머니에는 지하철을 타고 다음 학교 면접을 보러 갈 정도의 돈이 들어 있었다. 아니면 당장 포기하고 피자 한 조각을 사러 갈 수도 있었다. 피자냐 면접이냐…… 어느 쪽을 선택할 것인가? "난 집도 없고 배가 고파. 그 사람들은 날 받아들이지 않을 거야"라고 느꼈다. 그러다 문득 내 맘 한구석에서 꿈이 생각했다. "혹시 그곳이 나를 받아줄 학교라면 어떡하지?" 나는 피자 생각을 떨친 뒤 지하철을 타고 그 학교로 갔다. 그리고 그곳은 나를 받아줬다. 바로 다음 목록에 올라 있던 학교였다. 당신은 목적지를 불과 몇 센티미터 앞둔 때가 언제인지 결코 알지 못한다. 한 번 더 해봐야 한다. 한 번 더 해서 안 되더라도 다시 한 번 더 해봐야 한다.

당신은 이중적인 세계에 살고 있다. 따라서 좋을 때도 있고 나쁠 때도 있다. 이유가 뭐든 기운이 쪽 빠져서 간단한 일을 해결하는 데에도 진흙 속에서 허우적대는 듯한 날들을 경험할 것이다. 그런 날이면 아마 당신에게 투지가 별로 없다고, 심지어 하나도 없다고 느낄 것이다.

그런가 하면 믿을 수 없을 만큼 행복하고 힘이 넘치는 날, 온 세상이 발아래 있고 뭐든 성취할 수 있을 것 같은 날들도 경험할 것이다. 그처럼 기쁘고 행복한 느낌은 당신이 지닌 가장 고귀하고 강력한 감정 중 하나다. 그런 느낌이 들 때면 당신을 당할 자가 아무도 없을 것 같은 기분이 들며 실제로도 당신을 당할 자가 아무도 없다. 기쁨으로 가득할 때 당신 안에는 투지가 가득하다. 기쁨의 관점에서 볼 때는 모든 것이 쉬워 보이기 때문이다. 기쁨을 구하라. 행복을 추구하라. 그러면 당신의 꿈을 이루는 데 필요한 모든 투지를 얻을 것이다.

Part Three

추구

THE LABYRINTH

미로

레어드 해밀턴

여정은 결코 당신 생각대로 진행되지 않을 것이다. 목적지가 어디인지는 알지만 거기까지 가는 길은 잘 모르기 때문에.

사람들은 자신이 서 있는 곳에서 꿈에 이르는 전체적인 길이 보이지 않기 때문에 도중에 꿈을 포기하거나 시작조차 하지 않는 경우가 많다. 당신은 앞에 놓여 있는 길의 전체적인 흐름을 보지 못해서 당신의 꿈이 어떤 과정을 거쳐 실현될지 알지 못한다. 성공한 사람들도 자신의 꿈이 어떻게 이뤄졌는지 알아차리지 못했다. 그들은 다만 꿈이 이뤄질 것이라 믿었고 이루어질 때까지 포기하지 않았다.

매스틴 킵

내 인생이 지금과 같은 모습이 될 것이라고는 상상하지 못했다. 이런 느낌일 것이라고는 믿었지만 이렇게 될 줄은 몰랐다.

당신의 꿈에 이르는 길은 미로 속을 걷는 것과 같다. 당신이 볼 수 있는 것은 바로 앞에 놓인 몇 발자국뿐이다. 다음 모퉁이를 돌아가면 무엇이 있을지 보지 못하며 그 모퉁이를 돌고 나면 다시 몇 발자국 앞만 보인다. 막다른 골목에 이르러 돌아 나와야 하는 때가 있는가 하면 마법처럼 우연히 지름길을 만나 빠르게 통과할 때도 있다. 당신의 꿈에 이르는 길은 정확히 이런 형태로 펼쳐진다.

레인 비츨리

길의 전체적인 흐름은 아무도 알 수 없다. 당신은 그저 앞으로 첫걸음을 내딛고 계속 가야 한다.

매스틴 킵

꿈을 이루기 위한 과정은 전부 모험이다. 다음에 무엇이 기다리고 있을지 알아가는 것이다. 당신이 우러러보는 사람, 당신에게 영감을 준 사람도 확실한 결과를 손에 쥐고 여정을 시작한 것은 아니었다. 그들에게 어떤 아이디어, 의지, 최종 목표는 있었겠지만 어떻게 그곳에 이를지는 알지 못했다.

미로 속으로 들어가는 것이 바로 당신이 하고자 했던 모험이다. 당신은 모든 것이 훤히 보이고 앞에 놓인 모든 것을 알기를 바라지 않았으며, 손가락 한 번 까딱 움직여서 당신의 꿈이 이루어질 수 있기를 원하지도 않았다. 당신은 여정을 떠나는 도전을 원했던 것이다. 당신은 도전을 이겨낼 때에만 모든 인간이 찾는 진정한 행복과 성취감을 얻을 수 있기 때문이다.

아나스타샤 소아레

당신이 계획한 대로 움직이지 않는 상황이 있다면, 전략 변화를 통해, 즉 다른 길을 택하는 방식으로 대비해야 한다. 미로 탐험처럼 앞으로 나아갔는데도 막다른 길에 막힌다면 돌아서서 다른 길을 찾는다. 그러면 당신의 꿈을 완성하는 목표 지점에 다다를 것이다.

꿈을 향해 가는 과정에 느닷없이 벽이 나타나기도 한다. 그러면 당신은 막다른 골목을 보며 끝장났다고 느낀다. 하지만 미로 속을 걷는 것처럼 어떤 상황이 들이닥치더라도 당신이 택할 수 있는 다른 길은 항상 있다. 꿈을 이루는 성공이 미로 한가운데 있다는 것을 안다면, 당신은 뜻밖의 어떤 우여곡절에도 기죽지 않을 것이다. 바로 다음 모퉁이만 돌아가면 성공이 기다리고 있다는 것을 알기 때문이다. 또한 꿈은 바로 그런 방식으로 이뤄진다.

존 폴 드조리아

한번에 다 되지 않는다는 것을 잊지 마라. 당신이 진정으로 뭔가를 원할 때 1센티미터씩 가는 것은 쉬우며 1미터씩 가는 것은 힘들다. 길을 따라 잰걸음으로 나아가라.

리즈 머리

사람들이 많은 문제에 봉착한다는 것을 알고 있다. 하지만 엄청난 제약을 받는 상황에서도 당신이 할 수 있는 한 가지 일이 있다. 시어도어 루즈벨트가 한 말과 같다. "당신이 서 있는 곳에서 당신이 가진 것을 이용하여 당신이 할 수 있는 일을 하라." 당신은 한 가지 일을 선택하여 그 일에 전념할 수 있다. 아무리 긴 시간이 걸리더라도 당신이 선택한 일을 하나씩 이루어가면서 조금씩 나아가면 당신 자신을 위한 새로운 인생을 만들어낼 수 있다. 엄청난 명성을 얻거나, 인생 역전을 이루거나, 극적인 일이 일어나야 하는 것은 아니다.

한번에 한 걸음씩

여정을 거치는 동안 당신에게 필요한 것은 오로지 한번에 한 걸음씩 나아가는 것이다. 당신이 항상 나아갈 수 있는 것도 한번에 한 걸음뿐이다. 또한 어디에 있든 어떤 상황에 놓여 있든 당신은 늘 한 걸음씩 나아갈 수 있다. 당신 앞에 놓여 있을지도 모르는 모든 가능성을 걱정하다가 정신을 빼앗기면 상황에 압도당하는 기분이 들 것이다. 어찌 됐든 당신의 꿈으로 이르는 길은 결코 당신이 생각하는 양상으로 펼쳐지지 않을 것이다. 그러므로 "한번에 한 걸음씩"이라는 말을 계속 되새기라. 이 말은 우리가 다큐멘터리 「시크릿」을 제작하는 동안 내게 큰 도움이 됐다. 나의 정신이 가야 한다고 생각했던 경로가 있는데 나의 꿈이 이 경로에서 멀어지는 것처럼 느껴졌을 때, 나는 그저 다음 한 걸음을 내딛는 방식으로 다시 시작했다. 그렇게 한번에 한 걸음씩 나아감으로써 나의 꿈이 이뤄졌다.

리즈 머리

히어로의 여정에서 매 단계마다 당신이 저지르는 실수를 알아볼 수 있다고 착각하지 마라. 이는 우리가 모든 것을 통제해야 한다고, 심지어 통제할 수 있다고 생각하면서 저지르는 실수다. 우리 어머니는 마약류 의존자 회복을 위한 자조 모임에 참여한 적이 있으며, 그곳에 있는 사람들의 평온을 위해 기도를 드린다. "하느님, 바꿀 수 없는 것은 받아들이는 평온을, 바꿀 수 있는 것은 바꾸는 용기를, 또한 그 차이를 알 수 있는 지혜를 제게 주십시오."
그리고 이것이 전부다. 나는 어머니를 되찾지 못했다. 나는 아버지가 인간
면역 결핍 바이러스 양성 진단을 받은 것을 바꿀 수 없었다. 나는 날씨를 통
제할 수 없었다. 당신이 통제할 수 없는 모든 것의 목록을 만들어보라. 이 목
록에 들어 있는 일에 에너지를 쏟는다면 모두 바람이 되어 날아가버릴 것이
다. 그러지 말고 이렇게 말하라. "좋아. 내가 할 수 있는 게 뭐지?"

마이클 액턴 스미스

나는 한번에 한 걸음씩 나아갔다. 더러는 후퇴하거나 막다른 길을 만나기도
했다. 하지만 큰 목표를 마음에 품고 당신이 거기에 도달할 것이라고 믿는
한, 결국 당신은 해낼 수 있다.

그리고 미로 속을 걸을 때, 늘 그렇듯이 어느 날 모퉁이를 돌아보면 당신은
문득 목적지에 도착해 있다. 당신의 꿈은 그와 같은 방식으로 실현될 것이다.

당신의 꿈을 이룬 뒤 그동안 거쳐온 길을 돌아보자. 벽에 부딪힐 때마다 당신
은 부득이 다른 길을 선택해야 했다. 이 길은 당신을 꿈으로 이끌어줬을 뿐만
아니라 더러는 당신이 가능하리라고 생각했던 것보다 훨씬 더 나은 꿈으로
이끌어주기도 했다. 벽은 존재하지 않는다. 다만 벽처럼 생긴 것이 있을 뿐이
다. 막다른 길도 없다. 막다른 길처럼 생긴 것이 있을 뿐이다. 벽이든 막다른
길이든 둘 다 사실은 당신을 다른 방향으로 보내어 더 좋은 꿈으로 이르게 하
기 위한 우회로일 뿐이다.

G.M. 라오

40년에 걸친 나의 여정에서 우리가 예상했던 대로 되지 않은 경우가 수 없이 많았다. 그럴 때 나는 주저하지 않고 가던 길을 멈춘 뒤 열린 마음으로 방향을 바꿨다.

최근 12억 달러가 넘는 돈을 들여 세계적인 에너지 거대 기업의 지분 50퍼센트를 구입했을 때 이런 경험을 했다. 우리의 예상과는 다른 상황이 벌어지고, 우리의 포부가 동업자와 달라 마찰이 빚어졌다. 우리는 손해를 보더라도 손을 떼기로 결정했다. 지나고 보니 그 후 우리는 더 많은 것을 벌었다. 의지의 순수함을 유지한다면 우주는 당신에게 다른 방법을 써서라도 보상을 해준다.

히어로의 여정에서 어느 때고 실망이나 거절, 또는 당신의 생각과는 다른 방향으로 흘러가는 어떤 일을 겪게 된다. 당신의 열정적인 헌신은 그때 흔들린다. 그럴 때 당신은 그 변화를 통해 더 위대한 결과로 나아가게 될 것임을 명심해야 한다.

매스틴 킵

사업가로 살다보면 방향 선회라고 일컫는 때가 온다. 기본적으로 방향 선회란 일이 잘 풀리지 않을 때 내가 방향을 바꾸게 되는 것을 의미한다. 즉 내가 배운 것을 실행하는 한편 뭔가 새로운 것을 생각해내는 것이다. 히어로의 여정은 모두 이와 관련이 있다. 무엇이 효과가 있는지 살피고, 잘되지 않는 것을 바꾸고 다시 시도하라. 그러면 결국은 그곳에 도달할 것이다.

존 폴 드조리아

꿈은 바뀐다. 내가 1980년에 동업자와 함께 존 폴 미첼 시스템스를 시작했을 당시의 꿈은 이러했다. "우리가 1년에 500만 달러 매출을 올릴 수 있다면 각자 20만 내지 25만 달러를 벌게 되고 그러면 생활 기반이 잡힐 거야." 그 뒤 우리 회사 규모가 그 수준에 도달했을 때 우리의 꿈은 바뀌었고 더 커졌다. 그러므로 당신이 꿈을 이루고 나면 또 다른 꿈으로 나아가게 된다는 것을 이해해야 한다. 이것이 발전이다.

당신이 히어로의 여정에서 가슴 떨리는 우여곡절을 겪으며 꿈을 추구할 때 의지할 수 있는 사실이 하나 있다. 당신의 꿈이 애초 생각했던 것보다 작은 모습으로 귀결되는 일은 없을 것이다. 당신의 꿈은 상상하지도 못했던 모습으로 더욱 커져가기만 할 것이다.

NAYSAYERS AND ALLIES

반대자들과
협력자들

피터 포요

우리는 모두 반대자들을 만난다. 사업을 이 정도로 일으키기까지 나는 아주
극심한 반대자들과 맞서야 했다.

피터 포요는 사방에서 잠재적인 투자자들, 경쟁자들, 그리고 그의 꿈을 이루
지 못하도록 방해할 수도 있는 정부 관리들의 반대에 부딪혀야 했다. 그의
앞길에 온갖 어려움과 반대 세력이 있었지만, 오늘날 넥스텔 멕시코는 1만
7,000명의 직원을 두고 최신 텔레커뮤니케이션으로 400만 명 이상의 고객에
게 서비스를 제공하고 있다. 근면한 이주민 집안의 자식으로 시작한 피터는
5년도 지나지 않아 그의 나이 겨우 서른여덟 살에 넥스텔을 향한 거대한 꿈
을 이뤘다. 피터가 지휘하는 넥스텔 멕시코는 10년 사이에 급속한 성장을 지
속하여 수십억 달러 규모의 회사로 발전했다.

매스틴 킵

반대자들을 만나는 것은 여정의 한 부분이다. 당신이 성공하고 뭔가 멋진 일을 하고 있다면 어떤 이는 당신을 좋아하고, 어떤 이는 미워할 것이다. 나는 이를 성공의 징후라고 여긴다.

이전에 아무도 하지 않았던 일을 해낸 사람들은 모두 그들의 꿈이 불가능하다고 말하는 수백 명의 반대자들을 만났다. 에디슨이 방 전체를 환하게 밝히는 장치를 발명하겠다고 말했을 때 사람들이 그에게 무슨 말을 했을 것이라고 생각하는가? 알렉산더 그레이엄 벨이 수천 킬로미터 떨어진 두 사람이 대화할 수 있는 기구를 발명하고 있다고 말했을 때 사람들이 무슨 말을 했겠는가? 당신이 커다란 꿈을 갖고 있고 주변에 많은 반대자가 있다면, 이는 곧 당신이 할 수 있다는 증거라고 믿어도 좋다!

아나스타샤 소아레

1995년 무렵 나는 무척 바빴다. 그래서 "비벌리힐스에 내 가게를 열어야 해"라고 생각했다. 건물주를 찾아갔을 때 그는 내게 "제정신입니까? 눈썹 관리하는 일을 해서 임대료를 낼 정도의 돈을 벌 수는 없어요"라고 말했다. 그는 내게 상가를 임대해주려고 하지 않았다. 하지만 내가 너무도 열심이라는 사실을 알았던 그는 마음을 먹었다. 그는 말했다. "좋아요, 6개월의 시간을 드릴게요." 그리고 첫 주에 눈썹 관리 샵 밖에 고객들이 줄을 서서 기다렸고 어느 날 건물주가 내게 전화를 걸어 말했다. "이런 일은 처음 봐요. 우리 상가에서 계속 눈썹 관리 샵을 하실 거지요?"

레어드 해밀턴

반대하는 사람은 늘 있다. 또한 당신은 민감한 사람이므로 반대 의견에 영향을 받을 것이다. 이는 당신이 극복해야 한다. 결코 반대자들에게 져서는 안 된다. 그렇게 되면 그들이 목표를 이루는 것이기 때문이다.

반대자가 어떤 영향을 미치는가는 당신에게 달려 있다. 그들에게 어떻게 반응할지 오직 당신만이 선택할 수 있다. 만일 반대자 1명이 하는 말을 받아들인다면 당신의 마음은 더 많은 반대자에게 영향을 받는 상태가 될 것이다. 그러므로 그들이 성가시게 굴도록 허용하지 마라. 반대자들의 의도와는 완전히 반대되는 생각을 하라. 그들이 하는 말은 당신을 단념시키는 것이 아니라 오히려 당신이 꿈을 이루도록 밀어주고 몰아붙이는 새로운 에너지로 여겨라. 당신에게 영감을 불어넣을 것이다.

피터 포요

반대자를 성공의 원동력으로 삼는 것은 정말 멋진 느낌이다. 사실 이들은 당신이 보다 빠른 시일 내에 더 큰 행복을 누리고 보다 큰 성공을 이루도록 자극을 준다.

레어드 해밀턴

나는 수많은 반대자를 연료로 삼았다. "당신은 그 일을 할 수 없어!"라는 말을 들으면 "오, 나는 그 일을 할 수 있어!"라고 받아들였다. 그런 말이 나를 밀어붙였다. 나는 그저 부정적인 것을 긍정적인 것으로 바꿨다. 특히 내가 몸담은 세계에는 반대자들이 많았고 지금도 여전히 많기 때문이다.

피터 버워시

내가 올바른 길을 가고 있다고 느끼고 싶었던 만큼 비판에 흔들리지 않았다.

"결코 이뤄질 수 없는 일이라는 말을 너무도 많이 들었다.
나는 몇 번이고 모든 인내를 짜내어 그 일이 이뤄지도록
해야 했다."

하워드 슐츠
스타벅스 회장 겸 CEO

반대자는 당신이 제2의 더 나은 길로 방향을 바꾸도록 하는 데 도움이 되기도 한다. 당신의 꿈이 이뤄질 것이라고 생각하는 길이 마음속에 확실하게 정해져 있을 수 있다. 그리하여 이 길을 따라가는 동안 결정권자가 반대자로 등장하여 진행 중이던 당신의 꿈을 제지하는 일이 일어날 수 있다. 이때 당신은 더 이상 나아가지 못하고 어쩔 수 없이 다른 길을 찾는다. 그 결과 당신의 꿈을 이뤄줄 다른 길을 발견한다. 지금까지 당신이 왔던 길보다 훨씬 나은 경우다. 반대자에게 감사하자. 그들에게 축복이 있기를!

피터 포요

지극히 부정적인 사람을 만날 때 사실 이들은 내가 가고 있는 곳으로 이끌어주는 힘이 된다. 그들은 나를 저지하는 것이 아니라 올바른 방향으로 더 빨리 가도록 길을 알려준다.

피터 버워시

캐나다에서 시합이 있었을 때 당시의 테니스 협회 회장이 내게 편지로 이렇게 말했다. "당신은 실력이 너무 형편없으므로 시합을 포기해야 합니다." 나는 이 편지를 하나의 도전으로 받아들였다. 전국 챔피언십 대회에 뛰기 위해 캐나다로 돌아왔을 때 나는 목표를 바꾸어 결승전에 나가기 위한 준비를 했다. 테니스 협회장이 나에게 보냈던 편지를 꺼내들고 전국 챔피언십에서 승리를 거둘 생각이었다.

많은 사소한 것들을 무시하라

당신의 여정을 위해 깊이 생각해봐야 할 충고가 있다. 당신의 꿈을 다른 사람에게 말하기 전에 당신 스스로에게 믿음과 확신을 심어야 한다는 것이다. 너무 빨리 당신의 꿈에 관해 이야기하기 시작하면 다른 이들의 반응에 낙담하고 실제로 시작하기도 전에 포기해버릴 것이다. 많은 사람이 이전에 이런 일을 겪었고 당신 역시 그럴지 모른다. 평소 당신이 가진 전문 기술 범위 안에 들어 있지 않은 어떤 일에 대해 아이디어가 생각나고, 이를 다른 사람에게 말하고, 그러면 그들은 당신에게 의심을 가득 심어주고, 당신의 아이디어와 꿈은 시작도 하기 전에 막혀버린다. 그러고 나면 운 나쁘게도 얼마 뒤에 가서 한때 당신이 품었던 멋진 아이디어가 다른 누군가를 통해 이 세계에서 실현되고 커다란 성공을 거뒀다는 사실을 뒤늦게 발견한다.

존 폴 드조리아

중요한 몇 가지에만 관심을 기울이고 많은 사소한 것은 무시하라.

리즈 머리

다른 사람이 당신 대신 판단하는 일이 없도록 주의해야 한다. 사람들은 자기 나름의 의견을 갖고 있고 어떤 것이 가능하고 불가능한지 너무 성급하게 당신에게 이야기한다. 또한 유감스럽게도 사람들은 확신에 차서 말한다. 실제로 일을 진행하기 전까지는 무엇이 가능한지 아무도 가늠할 수 없다. 아무도 모른다.

"당신의 야망을 과소평가하는 사람들을 멀리하라. 시시한
사람이 늘 그런 태도를 보인다. 하지만 정말로 훌륭한 사람
은 당신 역시 훌륭한 사람이 될 수 있다고 느끼게 해준다."

마크 트웨인
작가

「시크릿」을 제작하기로 했을 때 내 마음속에서 꿈이 완전한 형태를 갖추기 전까지 누구에게도 나의 꿈에 관해 말하지 않았다. 4개월 동안 조사하고, 계획하고, 내 안에서 체계적으로 통합하는 데 시간을 보냈다. 그런 뒤에야 아무도 나를 꺾지 못할 것이라는 확신이 들었다. 그제야 나는 다른 사람들에게 내 꿈을 말했다. 그때에는 1,000명의 반대자가 나서서 내 꿈이 결코 이루어질 수 없다고 말했더라도 누구도 내게 영향을 미치지 못했을 것이다.

당신의 꿈을 다른 사람에게 이야기하기 전에 당신 꿈에 공을 들이고, 당신의 꿈에 확신을 갖도록 공을 들이며, 머릿속에서 꿈이 뚜렷한 모습으로 그려질 때까지 당신의 꿈을 명확한 형태로 다듬어라.

레인 비츨리

내가 맨리비치에서 서핑을 하면서 자랄 때 내 오른편에는 내게 물 밖으로 나가자고 말하는 두 친구가 있었다. 왼편에는 "네가 멋있다고 생각해. 너랑 함께 서핑하는 게 즐거웠어"라고 말하는 두 친구가 있었다. 내가 어느 쪽 친구들 말에 귀를 기울였을 것이라고 생각하는가? 물론 왼편에 있는 두 친구였다.

피트 캐롤

내가 해고된 상황에서 진정으로 성장하고 더 강해져 그 상황에서 빠져나올 수 있도록 힘을 준 것은 나 자신이 그 결정을 인정하지 않았다는 점이다. 나는 절대로 그 결정을 받아들이지 않았다. 나는 그들이 옳다는 생각에 맞섰고 다르게 느낄 이유가 있다고 믿었다.

반대자와 관련하여 알아야 할 진실은 그들 자신의 마음이 닫혀 있고 자신의 잠재력을 완전하게 펼치며 살지 않는 사람인 경우가 많다는 점이다. 그들 자신이 잠재력을 완전하게 펼치면서 살고 있다면, 무슨 일이든 가능하다는 것을 경험을 통해 믿었을 것이다.

존 폴 드조리아

내가 11학년이었을 때 우리를 가르쳤던 선생님은 반 아이들이 다 있는 자리에서 내 친구 미셸과 내게 "너희는 결코 아무것도 되지 못할 거야"라고 말했다. 우리는 그 선생님이 틀렸다고 여겼다. 우리는 삶을 걸고 뭔가를 이루게 될 것이기 때문에. 미셸은 슈퍼스타가 됐다. 그가 바로 마마스앤파파스의 그 미셸 필립스다.

우리가 다큐멘터리 「시크릿」을 제작할 당시 나는 나와 대립되는 다양한 사람들을 상대했고, 많은 경험을 했다. 그중 유독 두드러지는 사람이 하나 있었다. 나는 텔레비전 방송국의 이사들을 상대로 첫 편집본의 프리젠테이션을 진행했다. 그 단계에 이르기까지 1년이 걸렸다. 모든 것을 희생하면서 노력을 쏟았지만, 필름 상영이 끝난 뒤, 이사들은 단 한 마디의 칭찬도 하지 않았다. 대신 혹독한 비판을 내놓았고 모든 측면에서 문제점을 찾아냈다. 나는 큰 충격에 휩싸여 프리젠테이션을 마쳤고 그 건물을 나온 뒤 멍한 상태로 거리를 헤맸다. 마침내 다시 정신을 차린 나는 비행기로 한 시간 거리인 집으로 가기 위해 공항으로 향했다. 그 비행기 안에서 나는 이사들이 내놓은 무수한 비판을 모두 해결할 방법은 없음을 깨달았다. 또한 그럴 필요도 없었다. 비행기가 착륙할 무렵 나는 필름에 몇 가지만 수정하면 되겠다는 영감을 얻었다. 우리는 이 영감에 따라 필름을 제작했다. 이 영감은 이후 다큐멘터리 「시크릿」을 대단한 성공작으로 만들어주는 기본 요소가 되었다.

협력자들

히어로의 여정에서 분명 반대자들을 만나게 된다. 하지만 한편으로는 아주 많은 협력자들, 당신의 삶에 이미 들어와 있는 천사들, 또는 비록 잠시나마 당신의 여정에서 당신을 지원하고 도움을 주는 것처럼 보이는 사람들도 반드시 만난다.

매스틴 킵

혼자 힘으로 성공을 이뤘다거나 자수성가했다는 이야기를 믿지 않는다. 그들이 거기에 이르기까지 모든 사람이 도왔기 때문이다.

레인 비츨리

성공한 사람들은 모두 다른 이들의 어깨를 딛고 올라섬으로써 그 자리에 이르렀다. 당신이 아무리 큰 성공을 이뤘더라도 이 여정을 거치는 동안 당신을 도운 사람이 누구인지 반드시 깨닫고 기억해야 한다.

혼자만의 힘으로 성공하는 사람은 없다. 당신의 꿈으로 이르는 길에서 당신을 지원하고 일부러 애써 당신을 도왔지만 겉으로 언급되지 않는 수많은 사람들이 있다. 우리는 히어로의 여정에서 많은 경험을 하지만 당신이 아는 사람이든 알지 못하는 사람이든, 그 과정에서 당신을 지원하고 도와준 사람들의 놀라운 행동이 그 어떤 경험보다도 가장 멋지다.

마이클 액턴 스미스

나는 도움을 주는 거대한 인간관계망을 바탕으로 일한다. 나를 지원해준 우리 가족부터 투자자들, 그리고 심지어 아직 냅킨에 그린 스케치 정도밖에 되지 않는 아이디어 단계부터 나를 위해 일해준 직원들에 이르기까지 모든 사람이 이 인간관계망에 들어 있다.

레인 비츨리

여덟 살에 세계 챔피언이 되겠다는 행운의 목표를 세운 것은 매우 무모한 도전이었다. 나는 도중에 포기하고 걸어 나가 두 손을 번쩍 들고서 "이건 너무 힘들어요"라고 말하고 싶은 때가 있었다. 다행스럽게도 이런 가슴 아픈 순간에 내게 힘을 북돋워주고 "넌 할 수 있어. 난 널 믿어"라고 말해준 사람들이 내 인생에 있었다. 당신의 인생에서 존경하고 감사하는 누군가가 당신을 믿는다고 말해준다면 당신 안에 커다란 믿음이 생긴다. 당신 인생에 그런 사람이 있다는 것은 매우 중요하다.

다큐멘터리 「시크릿」을 제작하는 동안 우리 삶에 찾아와 우리에게 필요한 다음 단계를 알려주며 도움을 준 사람들이 수없이 많았다. 이런 협력자 외에도 나와 함께 필름 제작 작업에 참여한 팀원들이 있었고 이들의 헌신과 지원이 없었다면 나의 꿈은 결코 실현되지 못했을 것이다.

팀원들에게 월급을 줄 돈이 없었던 때가 있다. 나는 이미 집을 담보로 최고 한도까지 대출을 받은 상태였고 마이너스 통장도 한도까지 돈을 다 썼으며, 영상 제작을 진행하기 위해 반드시 유지해야 하는 신용 카드도 한도에 달했다. 그런데도 팀원들에게 월급을 주지 못하는 이런 가슴 아픈 날을 맞은 것이다. 그런데 그들이 어떻게 했는지 아는가? 상급 팀원 2명이 함께 신용 카드에서 현금 서비스를 받아, 월급이 나오지 않으면 생활이 힘든 사람들에게 나 대신 월급을 줬다. 우리 팀원들이 나의 가장 커다란 협력자들이었다는 점에 한 치의 의심도 없었다.

THE ROAD OF TRIALS & MIRACLES

시련과 기적으로
가득한 길

아나스타샤 소아레

인생은 도전이다. 삶이 평탄하고 완벽하다고 생각하면 당신이 틀렸거나 착각에 빠져 있는 것이다.

피터 버워시

매일매일 난관이 있다. 아침에 일어나 육체적으로, 정신적으로, 정서적으로, 영적으로 아무 문제없다고 느끼는 사람은 없다. 당신에게 난관이 있을 것이라는 사실을 받아들여라. 모든 사람에게 난관이 있다. 사람들은 말한다. "왜 나인가?" 어째서 당신이라고 아니어야 하는가?

"목표에 이르는 길이 항상 평탄하지는 않을 것이다. 시련을 마주하고 여러 가지 문제가 발생할 것이다. 그때 당신이 무엇을 위해 분투하고 있는지 기억해야 한다⋯⋯ 큰 그

림을 잊지 말고 작은 사고나 작은 실패에 막혀 그만두는
일이 없도록 하라.”

데럭 지터
미국 야구 챔피언

시련과 장애

히어로의 여정에서 부딪히는 장애와 시련은 당신을 변화시킨다. 이를 극복하
는 데 필요한 자질, 능력, 내면의 힘이 생기기 때문이다. 이러한 능력이 생기
면 당신은 꿈을 성취하기 위해 변해야 하는 유형의 사람으로 바뀐다. 그러므
로 시련과 장애는 당신이 히어로의 여정을 따라 잘 가고 있다는 훌륭한 징후
다. 실제로 더 큰 장애와 시련에 직면할수록 당신은 더 큰 성공을 이룰 것이
고 성공에 보다 가까이 다가간다.

매스틴 킵

사람들이 시련을 통해 얻는 최고의 결과는 손에 잡히는 물질이 아니라 어떤
사람으로 바뀌는가 하는 것이다. 시련에 직면하여 그 시련을 극복했을 때
당신 자신에게 큰 믿음이 생기고 당신 능력에 더 큰 믿음을 가지며 신성한
것에 대해 더 큰 신뢰를 갖고 좀더 큰 일을 할 수 있다. 장애를 극복하는 것
이야말로 가장 멋진 선물이며 당신이 얻는 어떤 물질보다 훨씬 멋지다. 이
것은 당신 안에서 끄집어낼 수 없기 때문이다.

피터 버워시

일련의 심적 고통과 시련, 혼란, 곤두박질 등을 거치고 나면 그 과정에서 엄청난 자기 확신을 얻기 때문에 늘 훨씬 더 나은 사람으로 변모한다.

극복하는 길 외에 다른 선택이 없는 일을 삶에서 직면한다면 당신도 여태 몰랐던 힘을 발견할 것이다. 그렇게 얻게 된 힘이 당신의 성격을 형성하고 예전의 당신보다 훨씬 훌륭한 모습으로 당신을 변화시킨다. 아기를 낳아본 여자들은 이를 잘 알고 있다. 어머니는 아이를 기르고 돌보기 위해 강해져야 한다. 어머니에게는 인내와 아량, 투지, 끈기가 필요하다. 출산의 경험을 통해 그에 필요한 힘과 자질이 키워짐으로써 어머니 역할을 잘 할 수 있게 된다. 우리 중 많은 사람이 어머니를 영웅으로 여기는 것도 바로 가장 힘든 시기를 거침으로써 얻은 힘 때문이다.

매스틴 킵

당신이 실제로 앞으로 나아가 시련을 끌어안을 때, 그리고 이 시련을 극복할 때 그런 당신의 마음속 한편에서 이렇게 말한다. "와우, 넌 해냈어." 당신이 그 자리에 주저앉은 채로 "나 자신을 사랑해"라고 말할 수는 없다. 자부심은 획득되는 것이다.

레인 비츨리

시련과 장애는 우리에게 성장하고 발전하고 배울 수 있는 기회가 된다. 그러므로 안전지대 밖으로 나가 삶이 진정으로 제공하는 기회를 경험하라.

히어로의 여정에서 만나는 시련과 장애는 우리의 꿈이 실현됐을 때 이를 유지하는 데 필요한 자질, 능력을 갖추게 한다. 성공을 감당할 수 있는 기량이 없다면 꿈이 이뤄지고도 머지않아 한 줌의 연기처럼 날아가버릴 것이다. 그러므로 시련과 장애는 우리가 성공할 때를 대비하는 준비 과정이다.

G.M. 라오

내가 사업을 하면서 거쳐온 여정은 마치 강물의 흐름과 같았다. 장애를 만날 때마다 물줄기의 방향이 바뀌었지만 결국은 나의 목적지에 도달했다. 나의 인생은 온통 시련으로 가득 차 있었다. 모든 시련이 의미 있는 우연의 일치였고 더 큰 기회로 나아가는 문을 열어줬다.

존 폴 드조리아

우리는 시련과 장애를 통해 완전한 교육을 받으며 이는 우리 성공의 한 부분이다. 인생에는 수없이 많은 상황이 벌어지며, 이 상황이 우리가 바라는 방향으로 진행되지는 않지만 이를 통해 깨닫는 바가 있다. 내가 이런 일을 겪지 않았다면 지금만큼 행복하지도 않고 성공적이지도 않았을 것이다. 뜻하지 않게 벌어진 많은 일들이 궁극적으로는 당신에게 보상을 주는 교훈이 될 것이다.

나의 여정을 되돌아보았을 때 내게 닥친 장애와 시련은 내가 꿈을 추구하기로 결정하기 전에 삶에서 부딪혔던 장애와 시련에 비하면 아무것도 아니었다. 당신에게 목적이 있고 꿈을 추구하고 있을 때에는 장애와 시련도 당신에게 아무 목적이 없었던 시절만큼 어렵거나 힘들게 느껴지지 않는다. 목적이 없다면 시련이나 장애가 아무 이유가 없는 것처럼 보이고 그저 불운처럼 느껴질 것이다. 하지만 시련이나 장애에는 어떤 목적이 있다. 당신은 성장해야 하기 때문이다. 그러므로 아무리 삶으로부터 숨으려 해도 어차피 시련과 장애를 직면할 것이다.

피터 버워시

나의 기본 철학은 다음과 같았다. 좋은 일이 일어나면 그것에 감사하고, 나쁜 일이 생기면 이를 배움의 과정으로 여기는 것이다.

시련과 장애에 처음 부딪힐 때에는 누구나 힘겹다. 하지만 이를 극복할 방법이나 해결책을 찾지 못하는 동안에만 힘겨울 뿐이다. 당신이 극복하지 못하는 장애나 시련은 결코 주어지지 않는다. 결코.

피터 포요

사고방식이 장애를 극복한다. 나는 늘 행복한 마음으로 감사하는 사고방식을 가지고 살아왔다. 나는 경제적으로 많은 것을 나누며 살겠다고 결심했고 당신이 더 많이 나눌수록 장애는 사라진다.

피터 포요는 꿈을 실현하기 위해 몇 가지 원칙을 종교적으로 실천해온 점이 성공의 비결이라고 생각한다. 그는 어떤 장애에 직면하든 단념하지 않는다. 늘 감사함으로써 긍정적이고 행복한 사고방식을 유지했다. 그는 자신의 위치에서 다른 사람들을 돕는다. 또한 어떤 어려움이든 히어로의 위대한 능력 중한 가지를 이용해서 극복한다. 그것은 바로 시각화다.

피터 포요

경쟁자들, 부정부패, 규제 등으로 인한 장애가 있었지만 나는 이런 것들을 그다지 의식하지 않는다. 나는 결과를 의식하고 내가 어디로 가고 있는지를 의식한다. 장애란 단지 우회하는 것 이상의 의미를 지닌다. 나는 이렇게 말한다. "좋아. 그렇다면 그 문제를 어떻게 잘 처리하지?" 그리고 뭔가 다른 것을 시각화한다.

당신이 바라는 결과를 시각화하라. 그러면 문제에 대한 해결책이나 시련을 극복할 최선의 방법이 나올 것이다. 하지만 해결책이 주어질 때 당신이 이를 알아들으려면 마음속에 걱정이 없어야 한다.

길을 잃어서 누군가에게 길을 물었다고 상상해보자. 그 사람이 당신에게 길을 알려주고 곤경에서 구해주려고 할 때 당신이 어떻게 길을 잃게 되었는지, 길을 잃어서 어떤 큰 문제가 생겼는지, 길을 찾으려고 어떤 노력을 했는지, 길을 찾지 못할까봐 얼마나 걱정하고 있는지를 계속 말한다고 상상해보라. 그러면 상대가 아무리 길을 알려주어도 당신은 그 이야기를 듣지 못할 것이다! 걱정이나 괴로움으로 마음속이 시끄럽다면 우주가 당신에게 보내는 해결책을 듣지 못한다.

리즈 머리

나는 때때로 친구 집 바닥에서 자다가 잠을 깨곤 했다. 학교가 시작되기 전 등록한 이른 아침 수업을 들으러 가야 했고, 그곳에 가도록 동기를 부여해줄 뭔가가 필요했다. 그래서 나는 달리는 사람을 마음속으로 떠올리곤 했다. 그 사람이 나여야 한다고 여겼지만 그저 그녀의 뒷모습만 보았다. 그녀는 혼자서 트랙을 달리고 있었다. 내 눈에 장애물들이 보였고 그녀는 이 장애물을 뛰어넘고 또 넘었다. 내가 자리에서 일어나 나갈 수 있도록 가만히 누운 채 달리는 이 사람을 마음속으로 그렸다. 나는 이렇게 말하곤 했다. "좋아. 넌 지금 피곤해. 그건 장애물이야. 네가 해야 할 숙제, 그건 지난밤에 끝냈어. 장애물 하나를 넘은 거야. 아침을 먹지 않고 나가서 기차를 타면 배가 너무 고플 거야. 장애물, 장애물, 장애물." 그리고 나는 장애물을 뛰어넘고 햇빛 속에서 땀을 흘리는 그녀의 다부진 뒷모습을 보곤 했다. 그리하여 내 앞에 뭔가 방해되는 것이 나타날 때마다 이것이 그저 또 하나의 장애물이라면 어떻게 될까? 하고 생각했다. 장애물은 트랙에 붙어 있다. 그것은 트랙의 일부이며 내가 트랙에서 벗어나 있지 않다는 징후일 것이다. 그저 과정의 일부인 어떤 것이 앞을 가로막고 있을 때 내가 그 장애물들을 뛰어넘는다면 결국은 결승선에 도달할 것이다.

마이클 액턴 스미스

나는 어떻게 해야 하는지 방법을 알지 못했다. 하지만 앞이 보이지 않는 상황에서도 나는 이 제품의 효능을 확신했기 때문에 상황을 타개할 것이라고 믿었다. 당신이 그런 상황에 있고 우주에 머물러 있다면 우주에게 구하라. 그러면 가져다 줄 것이다.

존 폴 드조리아

성공을 위해 나아가는 사람에게 방해가 되는 것은, 거부당했을 때 포기하는 마음이다. 무슨 일에서든 성공을 거두기 위한 중요한 핵심 한 가지는, 거부를 당할 것이라고 단단히 각오를 하고 그런 일이 닥쳐도 영향을 받지 않는 것이다. 많은 사람은 뭔가를 시작할 때 충분히 각오하지 않은 채 시작하는 데다가 실패했다는 판단이 들면 곧바로 중단한다. 그러나 이런 모든 거부가 없었다면 나는 결코 존 폴 미셸 시스템스를 시작하지 못했을 것이다.

실패와 실수

"우리는 실수를 한다. 만일 실수를 하지 않는다면 아무 재미도 없을 것이다. 내가 필드에 나가 골프를 칠 때 18개 홀 모두 홀인원을 기록한다면 골프를 오랫동안 즐기지 못했을 것이다. 즉 게임을 흥미진진하게 끌고 가기 위해 때로는 공이 러프 안으로 들어가는 일이 있어야 한다는 것이다."

워런 버핏
재계 거물이자 투자자

레인 비츨리

당신이 겪은 실패나 실수, 또는 후퇴나 실망을 되돌아본다면 그것들이 우리 여정에 없어서는 안 될 필수 과정이었음을 깨달을 것이다.

존 폴 드조리아

아기는 어떻게 일어섰다가 넘어지는가? 이 과정에는 많은 근성이 필요하다. 0부터 5에 이르는 전 과정에는 많은 장애가 있다. 하지만 당신은 실수를 통해 배운다.

레어드 해밀턴

기꺼이 실패를 감내하겠다는 자세를 지녀야 한다. 나는 성공보다 실패를 통해 가장 큰 교훈을 얻었다. 그 경험이 우리를 꿈에 더 가까이 이끈다.

당신의 꿈을 이루는 데 필요한 분별력과 판단력이 부족하다면 실패나 실수가 확실히 당신에게 그런 자질을 길러줄 것이다. 누군가가 말했다고 해서 그냥 믿는 경우가 있는데, 이런 경우라면 실패한다. 면밀하게 생각하지 않고 결정을 내렸다가 당신이 큰 실수를 했다는 것을 깨달을 수도 있다. 하지만 나중에 가서 실패나 실수를 돌아보면 그 일이 적절하지 않다는 것을 알려주는 빨간 깃발이나 경고 표시가 있었는데도 당신이 무시했다는 것을 알 것이다. 다시 말해서 당신의 직관을 무시했던 것이다.

레인 비츨리

실제로 실수는 배움의 기회다. 진짜로 실수라고 불릴 만한 것은 첫 경험에서 깨달음을 얻지 못하는 일이다. 우주에서 일어나는 멋진 일은 당신이 교훈을 깨우칠 때까지 같은 교훈을 계속 준다는 점이다.

당신은 스스로 조사를 해야 하며 다른 사람의 의견은 무조건 믿지 말아야 한다고 생각할지도 모른다. 중요한 행동을 하기 전에 더 세심하게 생각해야 한다고 걱정할 수도 있다.

> "나는 성공한 식당을 보면서 배운 것보다 잘되지 않는 한 곳의 식당에서 배운 것이 훨씬 더 많았다."

울프강 퍽
레스토랑 경영자, 사업가

G.M. 라오

우리는 실패했을 때 축하해야 한다. 실패는 자신의 행동에 대한 결과이기 때문에 가장 훌륭한 기반이 된다. 또한 실수가 되풀이되는 일이 없도록 그 배움에 집중해야 한다. 새로운 아이디어, 새로운 접근 방식, 실험, 혁신을 격려하기 위해서는 미리 실수를 검열해서는 안 된다.

당신이 저지른 실패나 실수에 대해 다른 누구도 탓하지 않고 스스로 책임을 지면서 그 안에 숨은 교훈을 찾는다면, 이는 히어로의 여정에서 앞으로 나아가기 위한 강력한 도구가 된다. 실수와 실패는 피할 수 없다. 그 안에서 마법을 끄집어내는가 그렇지 않은가는 당신에게 달려 있다!

레어드 해밀턴

정형화된 과정이 있다. 먼저 당신은 그 일이 가능하다고 믿어야 한다. 그런 다음 실패해도 좋다는 자세를 기꺼이 보여야 한다. 당신은 다시 일어나 그 일을 할 것이고 머지않아 이렇게 말할 것이다. "와우, 이제 다시 시작이네." 그리고 이어서 "조금 더 나아지고 있군"이라고 말하다가 "나는 이 일을 잘해"라고 말할 것이다. 얼마 안 되어 당신은 정상에 오르고, 그러고 나면 정상에 도달하는 것보다 그 과정 자체가 중요하다는 것을 깨닫는다.

기적

피터 버워시

나는 일이 일어나는 순간에 매우 감사하며 살아왔다. 그리고 우리가 그다지 독립적이지 않다는 것을 깨달았다. 우리는 산소뿐만 아니라 행운, 적절한 타이밍, 다른 사람 등에 많이 의존하고 있다.

히어로의 여정에는 여러 시련들이 있지만 그러는 동안에 기적을 경험할 것이다. 기적은 시련보다 훨씬 중요하다. 내 경험으로 볼 때 내가 꿈을 향해 가는 동안 겪은 마법과 기적은 나의 꿈을 깨달은 일만큼이나 가슴 떨리는 것이었다. 어떤 인간 정신도 할 수 없었던 방식으로 우주가 당신을 위해 상황을 마련해주기 시작할 때, 확언컨대 당신은 숨이 막힐 것이고 연거푸 이렇게 물을 것이다. "정녕 이 일이 어떻게 일어났단 말인가?"

리즈 머리

나는 거리에서 잠을 자며 살았고 가게에서 물건을 훔쳤다. 세상에서 가장 좋은 습관이라고는 할 수 없지만 먹어야 살 수 있었기 때문이다. 반스앤노블에서 자기계발 서적들도 훔친 뒤 계단통에서 읽곤 했다. 그 후 내 이야기가 펼쳐졌고 나는 이 스티븐 코베이사(社)로부터 나와달라는 전화를 한 통 받았다. 나는 거기에 가서 내 이야기를 했다. 한참이 흐른 뒤에야 내가 훔친 책이 바로 스티븐 코베이 책이었다는 걸 깨달았다. 나는 그에게 "제가 당신 책을 훔쳤어요"라고 말해야 했다. 그랬더니 그는 그 책이 무료로 제공되는 책이었다고 말했다.

스티븐 코베이가 리즈 머리에게 함께 무대에 올라 그녀의 이야기를 들려달라고 요청했을 때 그녀는 겨우 열여덟 살이었다. 그날은 리즈의 인생에서 기적 같은 날임이 입증됐다. 그 일을 계기로 그녀는 대중 강연의 길에 올라 그녀의 이야기를 들려주고 사람들에게 영감을 주기 시작했기 때문이다. 그 후 리즈는 자신의 인생 이야기를 책에 담아 베스트셀러 작가가 됐고 미하일 고르바초프, 달라이 라마, 토니 블레어 같은 사람들과 함께 무대에 올랐다.

피터 버워시

테니스 투어에 참가했던 1968년 말, 내게는 돈이 한 푼도 남아 있지 않았다. 나는 포시즌스 호텔 창업자인 이시 샤프와 경기를 하고 있었고 그가 내게 말했다. "앞으로 어떻게 할 건가요?" 나는 말했다. "모르겠어요. 아마 돌아가 학교에서 아이들을 가르치겠지요." 그러자 그가 말했다. "투어를 계속 하려면 뭐가 필요한가요?" 나는 말했다. "한 장에 1,800달러인 항공권 월드티켓 두 장이요. 3,600달러면 투어를 계속할 수 있어요." 다음 날 나는 그의 사무실로 내려갔고 그는 탁자 너머로 3,600달러 수표를 내밀며 말했다. "행운을 빌어요." 이 일이 내 인생을 180도 돌려놓았다. 그 돈은 테니스 투어를 계속하는 데 꼭 필요했다. 덕분에 나는 좋은 실적의 세계 랭킹 순위를 기록할 수 있었다. 그 후 다른 모든 것은 더 이상 중요하지 않았다.

매스틴 킵

나의 전 여자친구 부모님 집에는 가로 세로 2.5미터짜리 풀장이 있었다. 나는 그 집에 살면서 서핑 코치를 하고 있었다. 「데일리 러브」 활동을 취미로 하고 있었는데 이를 전업으로 하기로 얼마 전 마음을 먹었다. 한 달 동안 트위터, 이메일 등 할 수 있는 모든 것을 다하면서 엄청난 불확실성에 대처하

고 있을 때 킴 카다시안이 200만 명이 넘는 사람에게 내 트위터를 팔로하
도록 트윗을 남겼다. 나는 그 순간을 잊지 못할 것이다. 하룻밤 새 팔로어가
1,000명에서 1만 명으로 늘었다. 내게 계속 하라고 강력하게 권하는 신성한
존재가 있다고 느꼈다.

레인 비츨리의 꿈은 세계 최고의 여성 서퍼가 되는 것이었다. 그러기 위해서
는 네 차례 연속 세계 타이틀을 석권하는 세계 기록을 깨야 했다. 레인은 그
해 마지막 대회에서 네 번째 세계 타이틀을 놓고 경쟁을 벌이고 있었다. 그
해 몇몇 대회에서 가장 높은 누적 점수를 획득한 선수가 세계 타이틀을 차지
하는데, 마지막 대회에 들어가기 전까지 레인은 몇 점을 앞서는 상태였다. 네
번째 세계 타이틀이 눈앞에 다가와 있었다.

레인 비츨리

2001년의 일이었고 그해의 마지막 대회가 열리고 있었다. 나는 준준결승전
에 참가했고 마지막 파도 위로 쓰러지고 말았다. 열이 올랐고 한 번 남은 세
계 타이틀이 날아갈 위기에 놓였다. 세계 전체를 실망시킨 기분이 들었다.
나는 큰 충격에 빠졌다. 나의 궁극적인 목표는 현재의 기록을 깨고 네 차례
연속 세계 타이틀을 따는 것이었기 때문이다.

레인에게는 기적이 필요했다. 레인의 몇몇 경쟁자들이 그날 대회에서 좋은
성적을 거두면 레인의 총점을 앞지르고 세계 타이틀을 차지할 기회를 잡게
됐다.

레인 비츨리

1993년도 세계 챔피언인 폴린 멘저가 내 옆을 지나가며 말했다. "걱정하지 마, 우리가 해낼 수 있어." 그녀는 내가 세계 타이틀을 따는 것을 보고 싶어 했다. 그녀는 사력을 다해 실력을 발휘하여 경쟁자들을 물리쳤고 어느 누구에게도 세계 타이틀을 차지할 기회를 주지 않았다. 결국 폴린은 대회에서 승리를 거뒀고 내게 네 번째 연속 세계 타이틀을 건네줬다. 그녀는 시력이 정말 좋지 않았고 시력 교정 수술을 받을 형편이 되지 않았다. 나는 감사의 표시로 그녀의 수술비를 대기로 했다.

그 후 레인 비츨리는 여섯 차례 연속 세계 타이틀을 탔다.

리즈 머리

내 삶이 이야기가 되어 「뉴욕 타임스」에 실렸을 때 히어로가 된다는 것이 어떤 것인지 깨달았다. 내가 사는 지역사회의 모든 사람이 내 학교에 찾아왔다. 모두 나를 도와주기 위해 왔다. 나와 안면도 없는 사람들이었다. 그들은 브라우니나 장롱에 있던 옷가지, 대학에서 쓸 선물 꾸러미 등을 두 팔에 들고 찾아왔고 마치 천사 무리처럼 그곳에 서 있었다. 나는 집이 없었다. 그들은 아파트 임대료를 내줬고 잠을 잘 수 있는 침대를 만들어줬다. 그들은 전기 조명을 설치했고 냉장고를 가득 채워줬다. 모두들 자기 방식으로 멋진 모습을 보여줬지만 나는 그중에서도 어떤 부인 이야기를 하고자 한다. 그녀는 이 사람들이 다녀가고 3주 후에 찾아왔으며 학교 앞에서 나를 보자 악수를 하면서 자기소개를 하고 내게 사과를 했다. 나는 무슨 일로 사과를 하는지 물었다. 그녀는 이렇게 말했다. "「뉴욕 타임스」에서 당신 기사를 읽은 뒤 냉장고에 그 기사를 붙여놓고 매일 당신을 도우러 갈 거라고 나 자신에게 말했어요. 하지만 그러면서도 '아, 시간이 없어, 돈이 없어. 안 되겠어'라고 말했지요. 예쁜 학생, 오늘 아침 빨래를 하다가 문득 생각났어요. 리즈에게 빨랫거리가 있겠구나, 라고요." 그때 나는 그녀가 미니밴 앞에 서 있는 것을 알아차렸다. 그녀가 나를 보며 말했다. "빨랫거리 있지요?" 우리는 함께 가서 빨랫거리를 가져왔고 그녀는 매주 한 번씩 빨래를 해줬다. 그녀가 내게 말했다. "많은 것을 해줄 수는 없지만 이 일은 할 수 있어요." 지구상에 있는 모든 이가 이 교훈, 즉 '많은 것을 할 수는 없지만 이것은 할 수 있다'는 교훈을 얻는다면 얼마나 좋을까. 나는 지금 이 순간 당신이 할 수 있는 최소한의 방법으로 다른 사람을 도울 수 있다는 것을 깨달았다. 우리 모두 이런 방식으로 살아간다면 이 지구상에서 사고의 전환을 보게 될 것이다.

THE SUPREME ORDEAL

최대의 시련

아나스타샤 소아레

아침에 일어나 매일 똑같은 일을 하고 싶지 않다면 투사가 되어야 한다. 남다른 차이를 보이고 싶다면, 특별한 의미를 지니는 사람이 되고 싶다면 전사가 되어야 한다. 나는 내 삶을 바꾸고 다른 사람의 삶을 바꾸는 일을 하고 싶었다. 평범한 삶을 원하지 않았다.

마이클 액턴 스미스

힘겨웠다. 사업이 실제로 진척되기까지 여러 달이 걸렸고, 우리는 큰돈을 벌지 못했다. 1998년 당시에는 인터넷을 아는 사람이 거의 없었으므로, 우리 제품을 사려는 고객도 거의 없었다. 친구 중 한 명이 우리를 격려하기 위해 매달 가명으로 제품을 주문했다. 우리는 거의 포기 직전이었다.

히어로의 여정을 가는 동안 당신은 성공의 보상을 받기 전에 마지막 시련에 직면할 것이다. 이 마지막 시련의 강도는 당신의 꿈의 크기와 비례한다. 이 마지막 시련은 최대의 시련이라고 불려왔다. 꿈이 끝나버리는 것처럼 보이기도 하지만 이 시련을 딛고 일어설 때 당신의 꿈은 살아난다.

마이클 액턴 스미스

고전적인 히어로의 여정이 아닌가? 앞이 보이지 않는 막다른 길에 도달하고 모든 희망이 거의 사라지지만 그 후 당신은 상황을 역전시킨다. 만일 바로 장외 홈런을 치고 어떤 피나는 노력이나 투쟁도 할 필요가 없었다면 지루한 이야기가 되었을 것이다.

레인 비츨리

당신은 바닥까지 내려가야 한다. 시련을 거쳐야 다시 바닥을 치고 올라온다.

영화에는 히어로가 여정에서 가장 큰 시련을 극복하는 장면이 등장한다. 히어로는 공주를 구하거나 성배를 손에 넣기 직전에 반드시 마지막 한 가지 시련을 극복해야만 최후의 상을 거머쥘 수 있다.

매스틴 킵

모든 히어로는 거의 죽은 상태에 이르거나 죽었다가 다시 살아난다. 심리적이든 정서적이든 영적이든 육체적이든, 아니면 일반적으로 말하는 의미에서든, 죽음에 대한 생각은 사람들에게 두려움을 안겨준다. 하지만 우리는 두 팔을 벌리고 십자가에 매달린 그리스도처럼 죽음 속으로 걸어 들어가야 한다.

"다른 어느 분야에서든 성공해본 적이 있다면 아마도 내가 진정으로 속한 하나의 무대에서 성공을 이루기 위한 투지를 발견하지 못했을지도 모른다. 나의 가장 커다란 두려움을 깨달았기 때문에 자유로워졌다. 나는 여전히 살아 있고 사랑하는 딸이 있었으며 낡은 타자기와 멋진 아이디어가 있었다. 그리하여 내가 도달했던 맨 밑바닥은 나의 삶을 다시 세우기 위한 탄탄한 토대가 되었다."

J.K. 롤링
『해리 포터』 시리즈의 작가

존 폴 드조리아

나는 어느 한 회사에서 일했고 그곳에서 두 가지 역할을 전적으로 맡아서 해냈다. 그 회사는 성장하고 있었지만 내가 그 회사에 맞는 관리자가 아니라면서 나를 해고했다. 나는 다시 다른 회사로 옮겨 일했다. 1년 뒤 내가 그들과 주말에 함께 시간을 보내지 않았다는 이유로 나를 해고했다. 세 번째로 몸담은 회사에서 나는 매출을 3배로 늘렸지만 어느 날 사장이 말했다. "죄송합니다. 하지만 당신이 받는 연봉의 절반으로 당신이 하던 일을 해줄 사람이 생겼어요." 그 후 나는 존 폴 미셸 시스템스를 시작했다. 그로부터 2년 뒤 나는 뭔가를 깨달았다. 나를 해고했던 그 회사들이 아니었다면 존 폴 미셸 시스템스를 시작하는 것은 거의 불가능했을 것이다. 그 회사들이 저마다 내게 뭔가를 가르쳐줬기 때문이다. 비록 내가 해고되기는 했어도 그 과정에서 내가 알든 모르든 우주가 내게 여러 가지를 가르쳐주며 앞으로 계속 나아가도록 해줬다.

존 폴 드조리아와 그의 동업자 폴 미첼이 모발 관리 제품을 시장에 막 출시하려고 할 때 이 사업에 돈을 대기로 했던 한 투자자가 갑자기 자금을 회수했다. 존 폴과 그의 동업자는 엄청난 책임을 짊어졌다. 고객들의 결제가 완료될 때까지는 고지서의 돈을 낼 방법도, 다음 45일을 버틸 방법도 없었다. 그들의 운이 다한 것처럼 보였다. 하지만 그때 존 폴이 멋진 아이디어를 생각해냈다. 현찰을 지불하면 가격을 할인해주겠다고 제안한 것이다. 거의 모든 고객이 이 제안을 받아들였고 존 폴 미첼 시스템스는 살아남았다.

레인 비츨리

1995년 나는 세계 랭킹 2위였다. 내 생애 최초로 세계 타이틀을 따기 위해 경쟁을 벌이고 있었다. 나는 스스로를 채찍질하며 몰아붙였고 1995년에 만성 피로로 쓰러졌다. 육체적으로는 아무 문제가 없는 것처럼 보였지만, 정신적으로 정서적으로 영적으로 소모되었다. 나는 자살 충동을 느낄 정도로 바닥까지 내려갔다. 삶을 너무도 사랑하는 사람에게 그런 충동이 생겼다는 것이 당혹스러웠다. 나는 포기하고 싶었지만 그럼에도 살아야 할 이유가 있었다. 그리하여 서핑에 대한 사랑에 마음을 모으기로 했다. 내가 좋아하는 서핑을 할 육체적 힘은 없었지만 이제 그것을 다시 하기 위해 노력할 정신적 힘은 있었다. 나는 시합에 참가할 에너지가 없다는 것을 알았지만 그럼에도 하와이로 가서 시합을 하겠다고 다짐했다. 나는 생각했다. "그냥 그곳에 가서 즐겁게 서핑을 하는 거야."

그해 나는 하와이에서 열린 모든 시합에서 우승했고 그 이듬해 최초로 세계 타이틀을 탔다. 만성피로에 시달렸던 이때의 경험은 정말 소중한 교훈이 되었다. 내가 포기하지 않은 것을 정말 다행으로 여긴다.

피트 캐롤

코치 생활을 하는 동안 몇 차례 해고를 당한 적이 있다. 내가 몸담은 분야에서는 해고되면 스포츠 세계 모든 이가 그 소식을 알게 된다. 신문과 TV 뉴스에 실리며 세상이 큰일처럼 떠들어댄다. 평범한 이가 해고된 뒤 집에 가서 아내를 상대해야 하는 것과는 다르다. 스포츠 분야에서는 다른 모든 이를 상대해야 한다. 이는 엄청난 시련이다. 하지만 그 상황을 덤덤히 받아들였다. 이미 벌어진 일이고 향후 내가 보다 실력 있고 강한 사람이 되는 데 도움이 될 뭔가가 그 시련 속에 있을 것이다. 그 대목에서 불현듯 깨달았다. 내가 오랫동안 이 일을 해왔지만 다음 계획을 세울 때 다시 꺼내어 이용할 정도로 충분히 깊이 파고들지 못했다는 것이었다. 나는 막다른 궁지에 몰려 있었고 또 다른 기회를 얻을지 알 수 없었지만, 다시 기회가 왔을 때 준비된 상태로 맞을 생각이었다. 서던 캘리포니아 대학에 갈 수 있는 기회가 찾아왔고 우리는 이전에 해냈던 것보다 훨씬 잘할 것이라는 목표를 가슴에 품고 시작했다.

매스틴 킵

일이 잘못되어 쫓겨났을 때 이것이 당신에게 불리한 삶 혹은 가혹한 삶이 아니라면 어떻게 될까? 그런 순간이 실은 신성한 폭풍이라면 어떻게 될까? 또한 당신을 벌하기 위한 것이 아니라 당신에게 가장 큰 이로움을 주기 위한 목적에서 우리의 가장 큰 잠재성이나 우리의 영적 과정에 도움이 되지 않는 모든 것을 뿌리째 뽑느라고 그런 순간들이 일어난 것이라면 어떻게 될까? 가장 끔찍한 일주일 또는 가장 끔찍한 날이 사실은 신이 당신에게 준 가장 멋진 날이라면 어떻게 될까?

아나스타샤 소아레가 눈썹 관리 제품 시리즈를 막 출시하려는 때 핵심 투자자가 빠져나갔다. 창고에 가득 들어 있는 제품을 시장에 소개하고, 판매하고, 유통하기 위해서는 200만 달러가 필요했다. 일주일 만에 돈을 마련하든가 아니면 그녀의 꿈을 포기해야 했다. 아나스타샤는 포기하는 대신 마케팅과 판매 유통 업무에 관한 모든 것을 혼자 배웠다. 기발한 독창성과 집요한 끈기 덕분에 아나스타샤의 눈썹 관리 제품은 창고를 벗어나 이후 미국 전역, 나아가 전 세계에서 획기적인 성공을 거뒀다.

마이클 액턴 스미스

나는 2004년에 마인드캔디라는 게임 회사를 시작했다. 우리가 최초로 만든 게임은 매우 독창적이었지만 상업적으로는 완전한 실패작이었다. 「모시 몬스터스」는 마지막으로 던진 주사위이며 성공적인 게임을 만들 수 있는 마지막 기회였다. 우리는 이 게임을 제작했고 우리가 가진 모든 돈을 다 써버렸다. 그리하여 2008년 말, 사실상 현금이 바닥난 상태가 됐다. 이번에는 뭔가 마법이 일어날 것이며 이 제품에는 정말 특별한 것이 있다는 육감이 내 안에서 소리치고 있었다. 하지만 투자자를 찾을 수 없었다. 큰 장애물을 만난 시기라 정말 미칠 것 같았다. 월급을 줘야 할 팀원이 있었다. 우리는 파산을 선언하고 사업을 접어야 하는 일촉즉발의 위기에 놓여 있었다. 여러 날 새벽 4시에 일어나 이 끔찍한 문제를 어떻게 풀어야 할지 알지 못한 채 뒤척이곤 했다.

다행히 나는 얼마간 돈을 투자할 투자자를 찾았다. 덕분에 크리스마스 직전에는 직원들에게 월급을 주고 불을 밝힐 수 있는 정도의 돈이 생겼다. 바로 다음 달 우리는 가입 서비스를 시작했고 그 후 꾸준히 수익을 냈다.

폴 오팔리어

중국에 이런 격언이 있다. "위기는 기회다." 이는 모든 실패 속에 새로운 기회의 씨앗이 들어 있다는 자명한 이치를 담고 있다.

다큐멘터리 「시크릿」을 향한 나의 꿈은 전 세계 모든 국가에 동시에 필름을 배급하는 것이었다. 그러려면 24시간 안에 지구상의 많은 텔레비전 방송망이 이 다큐멘터리를 내보내야만 가능한 일이라고 믿었다. 「시크릿」 아이디어가 처음 탄생한 초기에 세계의 텔레비전 방송사들이 이 프로젝트에 많은 관심을 보였다. 하지만 다큐멘터리가 완성되고 나자 그들은 필름을 보지도 않은 채 하나씩 관심을 철회했다. 우리는 다큐멘터리를 완성한 상태였고 나는 300만 달러의 빚을 졌다. 우리 다큐멘터리를 세계에 배급할 길이 보이지 않았다.

그때 우리는 한 회사가 인터넷으로 광고를 내보내는 새로운 테크놀로지를 개발했다는 이야기를 들었다. 우리 다큐멘터리를 배포할 새로운 가능성이 생긴 것이다! 우리는 이 테크놀로지를 확장하여 다큐멘터리 전체를 내보낼 수 있도록 해당 회사와 함께 미친 듯이 일을 했다. 「시크릿」은 인터넷에 실시간 스트리밍으로 배급되었고 이런 방식으로 시청한 최초의 영상물이 되었다. 새로운 테크놀로지 덕분에 내가 꿈꾸었던 대로 24시간 안에 전 세계 사람들이 「시크릿」을 볼 수 있었다.

> "항복하느니 차라리 굶어 죽는 위험을 감수하는 편이 훨씬 낫다. 당신의 꿈을 포기한다면 당신에게는 대체 뭐가 남겠는가?"
>
> 짐 캐리
> 배우

최대의 시련이라는 말이 무섭게 들릴지 몰라도 사실 이에 직면했을 때에는 이것이 무엇인지 깨닫지도 못할 것이다. 이 최후의 시련에 이르렀을 때 당신은 모든 준비가 잘 갖춰져 있을 것이다. 여기까지 멀리 왔다는 것은 곧 당신 안에 있는 강력한 능력을 이미 깨달았다는 것을 의미하며 당신은 최대의 시련을 맞이하기 위해, 그리고 이를 딛고 승리로 나아가기 위해 필요한 모든 것을 갖추고 있다.

Part Four

승리

THE REWARD

보상

당신은 챔피언십에서 우승한 팀이나 금메달을 따고 세계 기록을 깬 운동선수들의 황홀한 행복을 보게 될 것이다. 이들의 에너지는 너무 강력해서 당신의 온몸을 휘감는다. 당신은 환희로 가득 차고 심지어는 감동하여 눈물을 흘린다. 하지만 이들을 지켜보는 우리의 감정은 스포츠인이나 선수가 승리를 거둔 순간에 느끼는 감정에 비하면 아무것도 아니다. 왜냐하면 여정의 모든 단계를 거치면서 시련을 끈질기게 이겨내고 모든 장애를 극복한 뒤에야 비로소 성공의 순간이 안겨주는 최후의 보상이 어떤 느낌으로 다가오는지 알 수 있기 때문이다.

피트 캐롤

2005년 오클로호마 시합 전날 밤이었다. 나는 우리 팀에게 연설을 하고 있었다. 당시 우리는 시즌 통산 한 번도 진 적이 없었고, 역시 무패를 기록하던 어느 팀과 시합을 앞두고 있었다. 이는 대학 미식축구 역사상 가장 큰 시합이었다. 그날 밤의 모임에서 할 만한 이야기가 무엇이겠는가? 나는 걸어

들어가서 우리가 시작할 때 하려고 했던 바로 그것을 이뤄냈다고 말했다. 우리는 이전에 해냈던 것보다 훨씬 더 잘하기를 바랐다. 우리는 연이어 무수한 시합을 이겼으며 아마도 그 어떤 시합보다 큰 경기를 앞두고 있었다. 우리는 상상을 믿었고 그것을 이루어내기 위해 힘썼으며 그들이 우리를 이길 가능성은 없었다. 하지만 이것이 교훈의 내용은 아니었다. 우리의 교훈은 과정을 설정하고 시각적 상상을 만들어냄으로써 우리가 원하는 바를 이룰 수 있다는 점이었다. 그런 다음 우리는 경기장으로 나가 시합에서 아주 큰 승리를 거뒀다.

피터 버워시

나는 내가 누릴 수 있는 가장 멋진 삶의 한 모습을 실제로 살아봤다. 초기에 모두 17개 회사가 출범했지만 오늘날 유일하게 살아남은 곳은 우리뿐이다. 134개국에서 테니스를 가르치게 되었고 목표는 이뤄졌다.

마이클 액턴 스미스

나의 경력에서 가장 흥분된 시기는 2009년 초 가입 서비스를 받기 시작했을 때였다. 이제껏 무료로 제공되었지만 이 시각부터 부모들에게 매달 5파운드 정도를 청구할 예정이었다. 소수로 구성된 우리 팀은 서비스가 시작되자 컴퓨터 주위에 옹기종기 모여 앉아 화면을 주시했다. 5분 만에 첫 신청이 들어왔고 우리는 처음으로 5파운드를 벌었다. 모두 서로를 얼싸안고 펄쩍펄쩍 뛰었다. 그 후 진정할 여유도 없이 두 번째 신청이 들어왔고 이어서 세 번째, 네 번째 신청이 들어왔다. 우리들의 온 마음과 영혼, 에너지를 쏟아부어 만든 이 제품에 부모들이 기꺼이 돈을 지불할 용의가 있다는 것이 너무도 기뻤다. 그것은 정말 특별한 경험이었다.

리즈 머리

하버드 대학교에 들어가고 장학금을 받았던 아름다운 순간이 있었고, 첫 청중 가운데 한 명과 이야기를 나눌 기회를 가졌다. 나는 친구에게 이렇게 말하곤 했다. "지금 일어나는 이 일은 영화 같아. 책에 나오는 이야기 같아." 그리고 물론 나의 여정을 소재로 한 영화가 제작되었고 나는 책 한 권을 썼다. 이런 일을 경험하면서 나는 이 세상에 마법이 있다는 확신이 강하게 들었다.

레인 비츨리

경력을 되돌아보면서 "내가 저런 걸 한 거야? 내가 했다는 게 믿기지 않아!"라고 이야기할 수 있다는 것은 놀랄 만큼 큰 보상을 안겨준다. 때때로 나는 저 모든 세계 타이틀을 탈 당시의 나였던 사람과 나 자신을 연결시킬 수 없다. 하지만 나는 그 일을 매우 감사하게 여긴다. 그저 나 자신의 꿈을 추구했을 뿐인데 이를 통해 다른 사람의 삶을 변화시킬 수 있는 기회를 갖는다는 것은 놀라울 정도로 큰 만족감을 준다.

레어드 해밀턴

그렇게 큰 꿈으로 시작하여 그 꿈을 현실에서 펼친 일은 내 마음에 기쁨을 가져다 준다. 마치 동화 같다. 모든 시련, 모든 실패, 모든 사고와 부상, 그리고 마음의 상처는 그 이상의 훨씬 많은 가치를 지녔다. 그 일로 인해 내가 도달한 곳이 달라졌더라도 나는 한순간도 달라지지 않았을 것이다.

G.M. 라오

삶은 내가 꿈꾸었던 것보다 훨씬 많은 것을 줬다. 꿈을 추구하지 않았다면 나는 평범한 삶을 살았을 것이다.

아나스타샤 소아레

나는 최고의 삶을 누렸다. 한 편의 영화 같은 삶이었다. 나는 좋아하는 일을 하고 있다. 당신이 좋아하는 일을 하는 것은 얼마나 큰 축복인가? 나는 여정을 즐겼고 지금도 매일을 새로운 날처럼 즐기고 있다. 삶의 끝에 이르러 아무 후회도 없는 것은 최고의 기분이다.

당신의 꿈을 성공적으로 이룸으로써 얻는 최후의 보상은 여정의 끝이 아니라 또 다른 여정의 시작을 나타낸다. 경제적 보상, 그리고 당신의 꿈을 더 키우거나 그 위에 다른 꿈을 쌓아나갈 수많은 기회가 당신 삶에 찾아온다. 돈, 기회, 성공이 자유의 영광스러운 느낌을 안겨주지만, 당신이 해냈다는 가슴 벅찬 기쁨과 만족감에 비하면 그런 것들은 아무것도 아니다. 당신은 무에서 특별한 뭔가를 만들어냈다.

폴 오팔리어

매일 아침 나는 이 특별한 날에 무엇을 하고 싶은지 묻는 것으로 하루를 시작한다. 이것이 자유다.

매스틴 킵

여정을 떠날 자유, 그리고 무엇을 원하든 내 삶을 창조하고 계획할 수 있는 자유가 내게 있다. 나는 장소에 전혀 구애받지 않는다. 발리, 마우이, 인도,

남아프리카, 뉴욕 등 어느 곳에서든 내 사업을 할 수 있다. 이런 자유는 너무 멋지다. 나는 여행을 하고 있지만 그럼에도 여전히 돈을 벌고 사업을 할 수 있다. 이는 가슴 떨리는 일이다. 또한 가장 멋진 점은 내가 일어나고 싶을 때 일어날 수 있다는 것이다. 나는 아침에 학교 가기 위해 일어나는 게 싫었다. 정말 끔찍한 일이었다.

아타스타샤 소아레

꿈이 클수록 돈도 많이 번다. 어떤 꿈이든 경제적 보상이 따르는 법이다.

성공이 찾아오면 난생처음으로 당신은 늘 갖고 싶었던 것을 사고, 늘 가고 싶었던 곳을 가며, 늘 하고 싶었던 일을 할 수 있는 위치에 와 있다는 것을 발견할 것이다. 이와 더불어 당신의 성공을 가족이나 친구와 함께 나누고 그 결과 그들의 삶이 개선되는 놀라운 기회도 갖는다.

매스틴 킵

아주 큰 보상을 받았던 일이 두 가지 있었다. 하나는 되갚을 수 있다는 것이고 다른 하나는 다른 사람을 도울 자원이 생겼다는 것이다. 마침내 나는 늘 베풀고 싶었던 수준으로 베풀 수 있게 되었다.

리즈 머리

집 없이 지내던 시절부터 지금까지 나와 함께 고군분투했던 사람들은 나의 가족이다. 내가 16년 또는 17년 동안 알고 지냈던 사람들이다. 내게 돈이 조금 생기면 아주 신이 난다. 우리 모두를 위한 경험을 만들어낼 수 있기 때문이다. 우리에게 필요한 일부터 시작했다. 우선 우리 모두 치과를 다녀왔다.

내 친구 두 명에게 월세와 아파트가 필요했고 우리는 월세를 도와줬다. 내 친구의 아버지가 암에 걸려 수술을 해야 했다. 우리는 그가 수술을 받게 해줄 수 있었다. 내게는 머리 위를 가릴 지붕이 생겼다. 내가 좋아하는 사람을 돌볼 수 있다는 것, 뭔가를 기부하여 사람들의 삶을 기쁘게 바꿀 수 있다는 것은 내게 엄청난 기쁨을 가져다줬다. 이는 내 삶에서 가장 큰 보상을 안겨준 경험 중 하나였다.

내가 태어났을 때 시작은 변변치 않았고 돈도 많지 않았지만 우리에게는 서로가 있었다. 나는 가족의 사랑에 둘러싸여 안전하고 든든한 환경에서 자랄 수 있어서 운이 좋았다. 나의 부모는 평생 동안 정말 열심히 살았지만 한 번도 돈이 많은 적이 없었다. 아버지가 돌아가셨을 때 어머니에게는 삶에 대한 애정이 남아 있지 않았으며 남겨진 돈도 거의 없었고 수입도 없었다. 아버지는 「시크릿」이 성공하기 전에 돌아가셨기 때문에 그 꿈이 실현되는 것을 보지 못했다. 하지만 어머니는 보았다. 어머니는 평생 동안 간신히 먹고사는 정도였지만 「시크릿」 이후로는 그 모든 것이 바뀌었다.

어머니가 울면서 내게 전화를 했던 어느 날이 기억난다. 어머니는 옷 가게에 가서 자신이 입을 옷 몇 벌을 구입했다. 어머니는 옷을 구입할 때 난생처음으로 가격을 물어볼 필요가 없었다는 점 때문에 눈물을 흘렸다.

당신의 성장과 행복을 위해 삶을 바친 부모를 둘 만큼 운이 좋았다면 그날 내가 어떤 기분이었을지 이해할 것이다. 내가 어머니에게 무엇을 줄 수 있든 그 어떤 것도 내 인생에서 어머니가 내게 해준 것에 비할 바가 안 된다.

피터 포요

어떤 이는 말한다. "왜 아직까지 일을 하나요?" 그러면 나는 이렇게 말한다. "변화를 만들어내고 있기 때문이에요. 나는 여기 사는 동안 계속 그 일을 하고 싶어요."

일의 기쁨을 위해 일하다

당신의 꿈을 찾고 꿈을 이루며 사는 것보다 더 기분 좋은 것은 이 세상에 없다. 일의 기쁨 자체를 위해 일하고 월요일이면 마음이 설레며, 당신이 하는 일이 너무 좋아서 긴 휴가를 생각하면 지루하게 여겨지는 것. 이것이 삶이다!

피터 버워시

오래전 1970년대 말과 1980년대 초 나는 하와이에서 살았다. 아침 6시면 엘리베이터에 올랐고 6시 30분에 테니스 레슨이 있었다. 나는 주위를 둘러보며 이렇게 생각했다. "이 불쌍한 사람들은 이 시각에 일하러 가야 하는구나." 나는 한번도 직장에 간다거나 노동을 한다고 느껴본 적이 없었다.

존 폴 드조리아

나는 내가 하는 일을 사랑한다. 사무실에 나가기를 고대하며 함께 일하는 사람들을 만나기를 희망한다. 나는 이런 삶의 방식을 선택했고 이것은 내게 기쁜 삶의 방식이었다.

피트 캐롤

보수를 받았든 그렇지 않든 상관없이 지금 하는 일을 좋아했을 것이다. 우리 선수들 대다수가 같은 이야기를 한다는 것은 흥미롭다. 우리는 프로 선수이고 이 일을 해서 경제적으로 풍족해지는 것은 멋진 일이지만 그것과 관계없이 어쨌든 우리는 이 일을 했을 것이다. 당신이 하는 일에 대해 이런 느낌을 가질 기회가 있다는 것은 운이 좋은 것이다.

마이클 액턴 스미스

"돈을 벌면, 혹은 사업에서 성공을 거두면 서른 살에 은퇴할 거야"라고 말하는 이들이 많다. 그런 일은 좀처럼 일어나지 않는다. 그런 큰 꿈과 비전을 품고 그런 추진력으로 뭔가 놀라운 일을 이루어낸 사람은 그저 누워 쉬면서 은퇴 생활을 하려는 유형의 사람이 아니기 때문이다.

나는 많은 돈을 줄 테니 다큐멘터리 「시크릿」을 팔라는 제안을 받은 적이 있다. 그 당시 이 다큐멘터리를 세계에 배포할 확실한 방법을 찾지 못한 채 엄청난 빚더미에 올라 있었다. 하지만 나의 꿈을 판다는 것은 생각할 수 없는 일이었다. 그것은 나의 가장 큰 기쁨과 삶의 이유를 파는 것과 같을 것이며 아무리 많은 액수의 돈으로도 그런 것은 사지 못한다.

마이클 액턴 스미스

수억 달러에 달하는 상당히 큰 돈을 받고 이 사업을 팔 기회가 몇 차례 있었지만, 나는 배를 타고 황혼 속으로 나가 요트에서 칵테일을 마시는 삶을 살고 싶지 않았다. 나는 내가 하는 일을 사랑한다. 계속 뭔가를 이루어내고 만

들어내기를 바라며 특별한 사람들과 함께 일하기를 바란다. 아침이면 이를
위해서 침대에서 일어나 나온다.

꿈을 실현함으로써 보상을 얻는 것은 영광스러운 일이다. 꿈을 이룬 모든 사
람은 이러한 보상을 하나도 빠짐없이 누릴 자격이 있다. 또한 이제는 당신이
생각하는 무엇이든 이룰 수 있는 자질과 능력이 당신 안에 있다는 것을 알기
때문에 계속 성공을 쌓아가고 더 높은 꿈을 추구하려는 흥분과 열정으로 가
득 찰 것이다. 하지만 당신의 이야기는 여기서 끝나지 않으며 여기가 이 여정
의 끝이 아니다. 히어로의 여정을 마무리하기 위해서는 보다 중요한 나머지
한 단계로 더 나아가야 한다. 바로 이 마지막 단계가 평범한 인간에서 히어로
로 바뀌는 변화를 가져다 준다.

A LIFE WORTH LIVING

살 만한 가치가
있는 삶

피터 버워시

육체적 만족을 위해 할 수 있는 것에는 한계가 있다. 한번에 먹을 수 있는 음식에 한계가 있고 마실 수 있는 것에도 제한이 있다. 하지만 다른 사람을 돕는 능력에는 한계가 없다. 세상에서 가장 행복한 사람은 다른 사람을 위해 뭔가를 하는 이다.

히어로의 여정을 가는 동안 당신에게 엄청난 일이 일어난다. 당신은 변화를 겪고 그러한 변화는 당신이 여정에서 한 단계 더 나아가도록 내몬다. 이것이 마지막 단계다. 이 마지막 단계로 나아가는 동안 당신은 진정한 히어로가 되고 히어로의 여정은 완성된다.

꿈을 실현하기 위해 품었던 열정의 불꽃은 연민의 불꽃으로 변화한다. 예전의 당신처럼 사회적으로 혜택받지 못하는 사람들을 돕기 위해 말하자면 고향으로 돌아가는 것이다. 당신은 그들이 겪는 고통을 알고 있다. 당신은 희망

없는 절망을 경험했기에 그 기분을 알고 있다. 당신은 할 수 있는 일을 하라고, 당신이 가진 수단이 무엇이든 이를 사용하라고, 당신이 여정에서 얻은 모든 것을 활용하여 가능한 한 많은 사람을 돕고 영감을 주라고 가장 강력한 명령의 부름을 받는다.

매스틴 킵

히어로가 주저하는 지점이 두 군데 있다. 첫 번째는 모험을 떠나라는 부름이 찾아올 때인데 모든 히어로는 이 부름을 거부하는 단계를 거친다. 이는 잘 알려져 있다. 잘 알려져 있지 않은 것은 히어로가 고향에 다시 돌아가기를 거부하는 단계다. 그는 목표한 것을 얻고 큰 행복과 기쁨에 젖어 그곳을 떠나려고 하지 않는다. 하지만 생명의 묘약을 얻고 이를 당신의 고향으로 가져가 다른 사람들과 나누기 전까지는 여정이 완성된 것이 아니다. 이 여정은 이기적인 것이 아니기에 히어로는 히어로가 되는 것이다. 히어로는 자기 자신만이 아니라 그 이상의 어떤 특별한 것과 관련 있는 삶을 사는 사람이다.

"더 이상 우리 자신과 자기 보호만을 생각하지 않게 될 때 우리는 진정 영웅다운 의식의 변화를 겪게 된다."

조셉 캠벨
신화학자

모든 성공과 보상을 얻고난 뒤 당신 자신보다 훨씬 큰 목표가 당신의 마음을 사로잡을 때 비로소 당신 안에 있는 히어로가 모습을 드러낸다. 당신은

"신비한 생명의 묘약"이라고 일컬어져온 것, 즉 당신의 여정에서 깨우친 모든 것을 다른 사람과 나누어 가능한 한 많은 사람의 삶에 변화를 일으켜야 한다는 압박을 느낀다.

피터 버윅시

당신이 도달할 수 있는 가장 높은 지위는 종의 지위라는 것을 이해할 때이고, 그때 당신이 성숙했다는 것을 깨닫는다고 로렌스 록펠러가 말했다. 이 교훈을 편하게 받아들이는 사람은 실제로 성공적인 삶을 살게 될 것이다. 모든 사람에게 이로움을 주는 사람이 되기 위해 가장 중요한 덕목은 지극히 겸손한 사람이 되는 것이다. 이것이 당신의 가장 가치 있는 자산이자 삶에서 이룰 수 있는 최후의 성취이며 가장 중요한 교훈이다.

리즈 머리

다른 사람의 삶을 좋게 개선하는 방식으로 나의 삶을 쓸모 있게 이용할 때 나는 살아 있다는 느낌을 가장 강하게 받는다.

G.M. 라오

오늘날 내가 가진 모든 것은 사회가 내게 준 것이다. 감사하는 마음을 돌려주고 사회적 책임을 하나의 가치로 실천하는 것이 내가 맡은 책임이라고 여긴다.

히어로의 여정을 마치고 나면 당신을 도와준 사람들의 지원 없이는 당신의 꿈을 이루는 것이 불가능했다는 것을 이해한다. 당신이 받은 모든 것에 대해 가장 깊은 감사의 마음을 품고, 또한 지금도 고군분투하는 사람들에게 가장 깊은 연민의 마음을 품게 된 당신은, 받은 것을 되돌려주고 다른 사람들의 삶에 변화를 일으키고자 하는 자신을 막지 못할 것이다. 당신이 느끼는 이러한 연민의 불꽃은 너무도 커서 당신이 무엇을 하든, 얼마나 많은 것을 베풀든 더 많은 것을 해주고 싶은 마음이 들 것이다.

피터 버워시

내가 뭔가 기여를 하고 중대한 일을 한다는 것은 얼마나 중요한가? 이는 내 삶의 실존이다. 이것 때문에 내가 아침에 일어나며, 이것 때문에 내가 밤에 베개를 베고 누우면서 커다란 만족을 느낄 수 있다.

마이클 액턴 스미스

당신이 많은 돈을 가졌고 이 돈이 그냥 은행에서 잠자고 있다면 잠재력을 낭비하는 것 같은 느낌이 든다. 당신은 이를 꺼내어 뭔가를 해야 한다. 사람들을 돕고 지원하며 그들이 꿈을 이루어 지금보다 더 행복한 삶을 사는 모습을 보는 것은 기분 좋은 일이다.

피터 포요

사무실에 앉아 우리 팀 사람 중 한 명과 이야기하는 동안 그들의 자녀가 복도를 뛰어다니는 것을 보고 있노라면 그 순간 그 어떤 것도 이보다 흐뭇한 만족을 주지 못한다. 아이들이 행복하고 건강하고 머지않아 좋은 학교에 들어가는 것을 본다는 것…… 어느 날 당신에게 떠오른 아이디어 덕분에 직접 돌보게 된 사람이 있다는 것을 안다는 것은 감동적이다.

폴 오팔리어

내 아이들이 멋진 저택에 살도록 하기 위해 열심히 일하는 것이 아니다. 그들은 충분히 누릴 것이며 그것으로 충분하다. 내가 죽기 전에 내가 가진 모든 것을 자선단체에 보낼 것이다. 세상에 전부 내놓을 것이다.

G.M. 라오

우주가 내게 사회에 봉사할 기회를 주어 나는 운이 좋았다. 나는 보유한 주식 전부를 우리가 운영하는 재단에 내놓기로 맹세했다.

히어로 여정의 마지막 단계는 단지 수표에 서명을 하여 자선단체에 보내는 것이 아니다. 이는 당신의 마음에 공감을 불러일으키는 데에 시간과 에너지와 열정을 쏟아 부을 방법을 찾는 문제다. 예전의 당신과 비슷하게 혜택을 받지 못한 처지에 놓인 사람들을 찾거나 가진 것이 없어서 당신과 같은 성취를 이루지 못하는 사람을 찾아내라. 당신이 얻은 기술과 능력을 이용하여 당신이 할 수 있는 방식으로 다른 사람의 삶을 개선하고 그들 역시 꿈을 좇을 수 있도록 기회를 제공하러 나서야 한다.

아나스타샤 소아레

오프라가 남아프리카에 여자아이들을 위한 학교를 열었을 때 나는 그곳에 갔다. 나는 그녀가 그토록 기뻐하고 그토록 행복해하는 모습을 본 적이 없다. 그녀의 에너지는 믿을 수 없을 정도였다. 그곳 여자아이들의 삶을 바꾸고 있었다. 되돌려주는 일은 당신이 삶에서 누릴 수 있는 경험 중 가장 큰 성취감을 안겨주는 일이며 가장 즐거운 일이다.

성공한 사람들은 금전적인 기부가 사람들을 돕는 궁극적인 해결책이 되지 못한다는 것을 알고 있다. 여정을 마친 사람들은 베푸는 일을 할 때 자신들이 낸 돈이 사람들에게 삶을 바꿀 수단과 기회를 제공하도록 만드는 데 아주 많은 노력을 들인다.

존 폴 드조리아

이제 나의 가장 큰 꿈은 한 나라 전체를 대상으로 그곳의 생태계를 고려하면서 발전과 번영을 이루도록 돕는 것이다.

깨끗한 물처럼 생존에 필요한 기본적인 것들을 제공하기 위해 돈을 내놓든가, 아니면 사람들이 성취감을 느끼는 삶을 사는 데 필요한 수단과 기회를 제공하기 위해 돈을 쓴다. 물고기만 주지 말고 스스로 물고기를 잡을 수 있는 수단과 기술을 주라는 옛말에 담긴 생각이 바로 후자의 경우다. 이는 당신이 돈과 시간, 그 밖에 베풀어야 하는 것을 어디에 주어야 할지 정하는 데 지침이 되는 원칙이다.

피트 캐롤

전 세계에는 수백만 개의 단체가 있다. 나는 이 모두를 돕고 싶었지만 「더 나은 로스앤젤레스」가 우리가 사는 곳, 로스앤젤레스 바로 그곳과 연고가 있었다. 그곳은 우리가 일하는 곳 주변에 있었다. 우리는 일 대 일로 사람들을 상대했고, 그들이 희망을 찾고 나아가 자기 자신을 위한 목표를 세운다면 그들이 사는 세계를 실제로 지휘하고 통제할 수 있다는 것을 깨닫도록 도우려 했다. 다행히 우리는 몇몇 가족을 구하고 몇몇 아이들을 구하는 데 하나의 힘이 될 수 있었다. 나는 이 단체와 연결된 것이 매우 자랑스러웠다. 더 많은 것을 베풀고 더 많은 일을 할 수 있기를 바란다.

당신이 매일 다른 사람들에게 줄 수 있는 것으로는 영감, 격려, 희망이 있다. 누군가에게는 이런 것들이 당신이 내놓은 큰돈보다 더 많은 도움이 되기도 한다.

마이클 액턴 스미스

그 당시 내가 좋아했던 일 중 하나는 학생들에게 영감을 주는 일이었다. 그 아이들은 어쩌면 사업이 무엇을 의미하는지도 알지 못했겠지만 그 아이들에게 이야기를 들려주고 영감을 줄 때 몇몇은 이런 방향으로 계속 나아가 자신의 사업을 세우고 보람 있는 행복한 삶을 누릴 것이다.

시크릿사(社)는 수익을 내기 오래전 처음으로 매출을 올리던 순간부터 줄곧, 사람들에게 힘을 주고 그들이 성취감 있는 삶을 살도록 도와주는 전 세계 비영리단체에 매출의 상당 부분을 기부했다.

피터 버워시

우리는 휠체어 테니스 프로그램을 시작했고 이는 이제 말 그대로 전 세계로 확산됐다. 우리는 38년 동안 전 세계 모든 휠체어 테니스 선수들에게 무료 강습을 해줬다. 이 운동을 통해 사람들에게 많은 기쁨과 행복을 가져다 줄 수 있었다.

당신이 히어로의 여정에서 어느 단계에 와 있든, 아니면 아직 여정에 오르지 않았더라도 지금 바로 베풀 수 있다. 누군가 당신의 도움을 필요로 하면 그를 돕기 위해 할 수 있는 것은 무엇이든 하라. 또한 도와야 할 때와 돕지 말아야 할 때가 언제인지 아는 데 도움이 될 만한 중요한 지침이 있다. 그 사람 혼자서 손쉽게 할 수 있는 일은 절대 해주지 마라. 그런 일을 해준다면 당신은 그들을 돕는 것이 아니라 그들의 능력을 빼앗는 것이다. 누군가를 돕는 것과 능력을 빼앗는 것 사이에는 가는 선이 있다. 그러므로 그들 스스로 손쉽게 할 수 없는 방식으로 그들을 도와라. 그들에게 영감을 주고, 그들을 격려하고, 그들 자신에 대한 믿음을 갖도록 도와줘라. 스스로 현재의 상황에서 벗어날 수 있도록 기회를 제공하라. 이런 일을 해줄 때 당신은 그들의 능력을 길러준다. 또한 우리 중 누구든 할 수 있는 일 중에 인생에서 성취감을 느끼는 데 필요한 것을 제공하여 다른 사람의 능력을 길러주는 것보다 더 멋진 일은 없다.

매스틴 킵

무엇이 됐든 베풀 수 있는 기회에는 제한이 없다. 당신이 경제적으로 어렵더라도 다른 사람에게 베풀 수 있는 기회는 많다. 또한 당신이 베푸는 일에 열중할 때 풍요로움이 당신에게 흘러 들어온다.

리즈 머리

때때로 사람들은 책을 쓰거나 수천 명의 대중을 상대로 강연을 해야 한다고 생각할지도 모른다. 아주 작지만 의미가 큰 방식으로 도움을 줄 수도 있다.

피터 포요

당신은 사람들에게 시간을 내줄 수도 있고 당신이 가진 자원을 줄 수도 있다. 그리고 우리가 다른 사람을 더 많이 도울수록 우리의 생활은 더욱 풍요로워지기만 한다.

"무슨 일이 됐든 당신이 하는 일이 단 한 사람에게라도 도움
이 되었다면 당신은 멋진 일을 한 것이다."

블레이크 미코스키
탐스 슈즈 창업자

존 폴 드조리아

여섯 살, 크리스마스 때 어머니는 형과 나를 로스앤젤레스 시내에 데리고
갔다. 시내를 돌아다니는 동안 어머니는 우리에게 10센트를 주면서 한 남자
가 종을 치고 있는 곳으로 가서 냄비에 그 돈을 넣고 오라고 했다. 우리는 시
키는 대로 하고 와서 어머니에 물었다. "왜 우리가 저 사람에게 10센트를 준
거예요?" 그 시절 우리는 돈이 정말 없었고 10센트면 음료수를 큰 것으로
두 잔 사고 어쩌면 막대사탕을 세 개 살 수도 있었다. 그러자 어머니가 말했
다. "저건 구세군이야. 저 사람들은 집 없는 사람들을 돌보지. 너희가 살아
있는 한 꼭 명심해야 할 게 있어. 우리가 얼마만큼 갖고 있든 늘 우리보다 적
게 가진 사람들이 있는 법이란다. 항상 뭔가를 하려고 애써야 해." 이 말은
우리가 얼마만큼 갖고 있든 반드시 되돌려주어야 한다는 생각을 심어줬다.
성공한 사람이 된다는 것에는 이런 일까지 포함되는 것이라고 생각한다. 함
께 나누지 않는 성공은 실패다.

당신이 할 수 있는 일이 무엇이든, 얼마나 크든 작든 가진 것을 되돌려준다면
다른 사람을 도왔다는 것을 알고 느끼는 행복이 언제까지나 당신과 함께 할
것이다. 사실 당신이 느끼는 기쁨과 행복이 너무도 큰 탓에 혹시 당신의 꿈
을 추구하라고 부름을 받은 이유가 히어로의 여정에서 당신 자신보다 더 큰

목표에 사로잡히게 되는 이 마지막 단계까지 오도록 하는 게 아니었을까 하는 의문도 들 것이다.

리즈 머리

사람들에게 꿈이 무엇인지 묻고 그 핵심까지 들어가면 늘 이런 이야기가 나온다. "사람들의 삶을 보다 좋게 만들고 싶기 때문이에요." 이는 우리 안에 들어 있는 욕망이다. 날 때부터 이런 욕망을 갖고 태어났다. 또한 우리가 이곳에 온 운명을 실현하는 한 부분이기도 하다.

레어드 해밀턴

나는 어떻게 하면 더 많은 일을 할 수 있고 더 큰 변화를 만들어낼지 알기만 바랐다. 이런 방향으로 계속 나아가는 동안 나는 끝에 가서 결국 나의 목표가 다른 어떤 것도 아니고 변화를 만들어내는 것임을 깨닫게 될 것이라는 생각이 든다.

THE HERO IN YOU

당신 안에 있는
히어로

히어로의 여정에서 마지막 단계까지 오면 당신은 완전하고 신성한 인간, 즉
진정한 히어로가 된다. 지구에서 여정을 시작하던 때 제한되어 있던 당신의
정신과 의식에 어떤 변화가 일어났다. 이전까지는 삶의 상황들에 어떤 리듬
도, 이유도 없는 것처럼 보였지만 이제는 삶이 정확하고 이해할 수 있는 방식
으로 움직인다는 것이 명확하게 보인다. 다른 사람을 향한 연민을 통해 당신
의 정신은 모든 사람을 위하는 우주와 하나가 된다. 당신의 연민이 깊어질수
록 혼란과 아픔과 두려움은 사라지기 시작하고, 그런 것들이 있던 자리에는
책을 읽거나 학위를 따서 얻는 지식보다 훨씬 높은 지성과 이해가 들어선다.
당신이 어떤 존재인지 기억하고 우리 모두 지구상에서 한 가족이라는 것을
알며 완전한 평화와 삶을 향한 절대적인 기쁨이 당신 안에 가득 찰 것이다.
이것이 당신의 이야기이며, 이것이 당신의 운명이다.

나는 당신 안에 있는 잠재력을 알고 있다. 나는 당신 안에 존재하는 영웅의
미덕과 힘을 알고 있다. 이것은 당신의 이야기이지만 오로지 당신만이 그 이

야기대로 살 수 있다. 이것은 당신에게 주어진 히어로의 여정이지만 오로지 당신만이 그 여정을 갈 수 있다. 이제 당신에게는 지도와 나침반이 있고 길을 가는 모든 단계에서 당신과 함께하는 우리가 있다.

피터 포요

당신은 보다 행복하고 보다 성취감 있는 존재가 될 수 있다. 이런 존재가 당신 안에서 밖으로 나올 준비를 하고 있다. 당신이 있는 곳이 어디든, 당신이 어떤 상황에 놓여 있든 상관없이.

레인 비츨리

나는 당신을 믿지만 당신이 자신을 믿지 않는다면 결국 아무 소용이 없다. 당신 자신을 믿어라. 그리고 당신이 삶에서 궁극적으로 원하는 것을 이루기 위해 할 수 있는 모든 것을 하라.

피트 캐롤

모든 사람은 힘을 지니고 있다. 우리는 종종 이런저런 견해를 가진 주변 사람들이 힘을 휘두르도록 허용하곤 한다. 혹은 우리의 출신이나 배경에 눈을 돌리는 일이 너무 많다. 우리가 이루고자 하는 것을 창조해낼 힘이 우리 자신에게 있다는 신뢰를 스스로에게 보내지 않는 일이 너무 많다. 이것이야말로 내가 누구에게나 전하고 싶은 가장 중요한 메시지다.

G.M. 라오

당신의 꿈을 믿고 결코 포기하지 마라. 끈기를 갖고 계속 믿어라. 그러면 꿈이 실현될 것이다. 모든 여정은 하나의 꿈으로 시작되며 꿈을 믿는 당신의 완전한 믿음과 신뢰가 길을 열어줄 것이다.

존 폴 드조리아

성공한 사람과 그렇지 못한 사람의 가장 큰 차이는 성공한 사람들이 어떤 것도 기대하지 않는다는 데 있다. 밖으로 나가 직접 부딪쳐라. 성공하지 못하면 성공할 때까지 계속 시도하라. 모든 사람에게는 그런 힘이 있다. 당신에게도 그런 힘이 있다.

리즈 머리

우리가 이 삶에서 무엇을 이루어내는가는 결국에 가서 모두 해석의 문제다. 우리가 누구인지, 이곳에 온 이유가 무엇인지, 우리 자신에게 들려주는 이야기가 우리 경험의 질을 결정한다. 좋은 소식은 당신이 어느 때고 이 이야기를 바꿀 수 있다는 것이다. 당신 삶을 써 나가는 유일한 작가는 당신이고 앞으로도 영원히 당신뿐이기 때문이다.

피터 포요

당신이 히어로라는 내 말이 모든 사람에게 들리려면 어떻게 해야 할까? 얼마나 큰 소리로 외쳐야 할까? 모든 인간 한 명 한 명이 히어로다. 당신은 자신이 사는 세계에서 히어로가 될 수 있다.

당신이 내딛는 모든 걸음, 당신이 삶에서 이루기 위해 노력하는 모든 것, 당신이 이루고 싶은 모든 꿈을 통해 당신은 영원한 행복을 찾고 있다. 당신은 모든 언덕과 계곡을 오르내리면서 이 영원한 행복을 계속 찾을 것이다. 그리고 마침내 히어로의 여정이 끝날 무렵 그동안 당신이 찾고 있던 영원한 행복은 당신이 실제로 어떤 사람인가를 발견하는 데 있다는 것을 깨달을 것이다.

여기 지구에서 살아가는 우리 모두에게 히어로의 여정은 바로 이러한 모습으로 완성된다. 오로지 당신만이 가장 위대한 발견의 여정을 떠날 수 있다. 오로지 당신만이 당신이 실제로 어떤 사람인지 진실을 발견할 수 있다. 오로지 당신만이 당신 안에 있는 히어로를 발견할 수 있다. 그때까지 당신 안에 있는 히어로는 당신 삶에서 매일 매일 영겁의 시간 동안 계속 당신을 부를 것이다.

『히어로』에 나온 사람들

이 책에서 얻은 수입으로 시크릿사(社)는 『히어로』의 기고자들이 관여하는 다음 재단과 단체에 기여하는 영광을 누릴 것이다.

마이클 액턴 스미스

www.mindcandy.com

마이클 액턴 스미스는 세계적 현상으로 자리 잡은 「모시 몬스터스」의 제작사인 어린이용 오락회사 마인드 캔디의 CEO이자 크리에이티브 디렉터다. 「모시 몬스터스」는 온라인 게임이자 가상 세계이며 그 밖에도 장난감, 트레이딩 카드, 잡지, 책, 영화 등 관련 상품이 있다. 마이클은 디지털 세대를 위해 가장 큰 오락 회사를 세우겠다는 목표로 계속 마인드 캔디를 이끌고 있다.

모시 재단

www.themoshifoundation.com

마이클은 전 세계 어린이와 청소년을 돕기 위해 보조금 지급 조직인 **모시 재단**을 설립했다. 교육, 건강, 복지 향상을 지원하고 경제적 어려움을 도우며 특별한 문제나 장애를 지닌 아이들에게 치료와 교육을 지원하기 위해 지금까지 보조금을 지급하고 있다.

레인 비츨리
www.laynebeachley.com

레인 비츨리는 역사상 가장 큰 성공을 이루고 경쟁력을 가진 여성 서핑 선수다. 그녀는 세계 타이틀을 일곱 차례 거머쥐는 기록을 세웠다. 현재 세계 서핑 협회 부회장을 맡고 있다. 또한 서핑 협회 호주 이사로 재직하고 스포츠 호주 명예의 전당에 이름이 올라 있다. 레인은 지금도 가끔 마스터스 대회에서 실력을 겨루는 등 계속해서 매일 서핑을 하고 있으며 동기부여 강사로도 활동하고 있다.

스타들을 위해 일하는 레인 비츨리 재단
www.aimforthestars.com.au

레인은 젊은 여자와 어린 여자아이들이 꿈을 실현하도록 경제적으로 지원하고 격려하기 위해 **스타들을 위해 일하는 레인 비츨리 재단**을 설립했다. 호주 전역을 대상으로 스포츠나 학계 또는 공동체와 문화적 추구 분야에 몸담은 헌신적인 여성들에게 프로그램을 제공한다. 레인은 이들 젊은 여자와 어린 여자아이들이 위대한 일을 이루고자 하는 과정을 돕는 데 심혈을 기울이고 있다.

피터 버워시

www.peterburwash.com

피터 버워시는 전직 프로 테니스 선수이자 시대를 통틀어 가장 존경받는 테니스 코치 중 한 명이다. 세계 최대 규모의 테니스 매니지먼트회사인 피터 버워시 인터내셔널의 창업자이자 회장으로, 전 세계 32개국에 최고 수준의 테니스 코칭과 개인 프로그램을 제공한다. 또한 베스트셀러 작가이자 인기 있는 동기 부여 강사다.

브린다반을 돌보는 사람들

www.fflvrindavan.org

전 세계를 돌아다닌 피터는 **브린다반을 돌보는 사람들**이라는 조직을 지원하게 됐다. 이 조직은 미국에 기반을 둔 자선단체로 인도 빈민 지역 브린다반을 위해 기금을 모으고 있으며 이 지역 사람들이 미래를 위한 자립 기반을 마련할 수 있도록 기본 필수품을 제공한다. 특히 도움의 손길이 없다면 방치된 채로 살아갔을 수천 명의 인도 여자아이가 자신의 잠재력을 충분히 개발하도록 교육비를 지원하고 있다.

피트 캐롤

www.petecarroll.com

 피트 캐롤은 미국 미식축구 코치이자 두 차례에 걸쳐 전미 챔피언십을 딴 우승자다. 이 밖에도 수많은 연맹 및 지역 타이틀을 차지한 바 있다. 현재 피트는 시애틀 시호크스에서 수석 코치와 부회장을 맡고 있으며 최근 올해의 NFC 코치 상을 받았다.

더 나은 로스앤젤레스와 더 나은 시애틀

www.abetterla.org
www.abetterseattle.com

피트는 자선 활동, 특히 로스앤젤레스와 시애틀에서 갱단과 청소년 폭력을 줄이기 위해 노력한 것으로 유명하다. 그는 **더 나은 로스앤젤레스와 더 나은 시애틀**을 창립했으며 이 단체들은 개인의 능력을 키워 더 안전하고 강한 지역사회를 만드는 데 목표를 두고 있다. 또한 지역 기반의 조직들과 협력 관계를 맺어 가족과 청년들이 잘 살도록 생계 수단과 멘토링, 갖가지 지원을 제공하고 있다.

존 폴 드조리아

www.paulmitchell.com

존 폴 드조리아는 존 폴 미셸 시스템스를 공동 창업한 사업가이며 모발 관리 제품을 만들고 미용 학교를 세운 사람이다. 존 폴은 회사 CEO로 연간 10억 달러가 넘는 매출을 올리고 있다. 1989년 패트런 스피리츠 컴퍼니를 공동 창업했으며 현재는 이 회사 지분의 대부분을 소유하고 있다. 또한 존 폴은 환경문제, 국제 외교, 자선사업에도 뜨거운 열정을 쏟고 있다.

JP의 평화, 사랑, 행복 재단

www.peacelovehappinessfoundation.org

어린 시절 위탁 보호 시설에서 많은 시간을 보냈고 어른이 되어서는 얼마간 노숙 생활을 참고 견뎌야 했던 존 폴. 그는 자신이 세운 자선단체 **JP의 평화, 사랑, 행복 재단**에 상당한 자원을 쏟아부었다. 이 조직은 환경 지속 가능성, 사회적 책임, 동물 보호 등을 지원하며, 아울러 원예 및 농업 프로그램을 통해 가족이 먹을 음식 재료를 마련하고 자기 사업을 시작하도록 기반을 마련해줌으로써 사람들이 스스로 살아갈 힘을 얻도록 하는 데 목표를 두고 있다.

피터 포요

www.nextel.com.mx

피터 포요는 기업체 이사이자 국제 통신 전문가다. 그는 라틴아메리카를 통틀어 가장 훌륭하고 가장 혁신적인 CEO 중 한 명으로 꼽힌다. 그는 몇 개 기업에서 이사진으로 활동하고 있으며 넥스텔 커뮤니케이션 멕시코 회장으로 1만 7,000명의 직원을 이끌고 있다.

넥스텔 재단

www.nextel.com.mx/nextelfundacion.html

피터는 회사 CEO로서 기업의 사회적 책임과 자선 활동이라는 존경할 만한 문화를 만들었다. **넥스텔 재단**은 교육을 통해 지역사회의 가장 취약한 성원들을 지원하고 있다. 또한 젊은이, 혜택 받지 못한 사람, 장애인을 대상으로 하는 장학금과 프로그램을 만들고 학문 연구와 높은 수준의 교육에 경제적 지원을 함으로써 학생들을 후원하고 있다.

레어드 해밀턴

www.lairdhamilton.com

레어드 해밀턴은 세계적으로 유명한 빅웨이브 서핑 선수이며, 혁신가, 토우인 서핑과 스탠드업 패들 보딩, 그리고 하이드로포일 서핑의 선구자다. 그는 빅웨이브를 타는 틈틈이 시간을 쪼개어 새로운 형태의 크로스오버 서핑 스포츠를 개발한다. 또한 그의 마음에 닿는 조직을 위해 의식을 일깨우고 있다.

레인캐처

www.raincatcher.org/laird

레어드와 그의 아내 가브리엘 리스는 최근 세계 물 위기를 완화하기 위해 설립된 비영리 조직 **레인캐처**의 이사진에 임명되었다. 레인캐처는 빗물 이용 시스템을 공급함으로써 전 세계 70만 명을 도왔다. 레인캐처는 2015년까지 추가로 1,000만 명에게 깨끗한 식수를 공급하기로 목표를 세웠다.

매스틴 킵

www.thedailylove.com

매스틴 킵은 사업가이자 작가, 블로거로서 소셜 미디어를 활용하여 영감의 메시지를 전하고 있다. 그는 「데일리 러브」라는 웹사이트, 일일 메일, 트위터 계정을 만들어 매일 60만 명의 구독자에게 메시지를 전한다. 「허핑턴 포스트」에도 글을 기고하고 있다. 또한 「오프라의 라이프 클래스」에 출연한 바 있으며, 그녀가 진행하는 「슈퍼 소울 선데이」에서 차세대 영적 사상가로 크게 다뤄진 바 있다.

앤서니 로빈스 재단

www.anthonyrobbinsfoundation.org

매스틴은 인생 상담 코치 앤서니 로빈스 덕분에 삶이 바뀌었다고 공로를 돌리며 감사의 뜻으로 **앤서니 로빈스 재단**에 도움을 주고 있다. 이 조직은 젊은이, 노인, 노숙자, 수감자 등 사회에서 가장 자주 잊히는 사람들의 삶을 풍요롭게 하고 도움을 주기 위한 프로그램을 실시하고 있다.

리즈 머리

www.homelesstoharvard.com

리즈 머리는 베스트셀러 저자이자 세계에서 가장 많은 인기를 누리는 동기부여 강사다. 노숙 생활을 하다가 하버드 대학교에 입학하는 놀라운 여정의 주인공으로 유명하다. 그녀는 미하일 고르바초프, 달라이 라마, 토니 블레어 등과 같은 사람과 같은 무대에 섰다. 백악관 뿐만 아니라 오프라 윈프리도 젊은이에게 힘을 불어넣은 그녀의 노력에 경의를 표했다.

10대들의 리더십을 높이는 모멘텀

www.momentumteens.org

리즈는 10대들의 롤모델로서 비영리 조직 **10대들의 리더십을 높이는 모멘텀**에 도움을 주는 것을 자랑스럽게 여긴다. 이 조직은 청소년을 격려하고 능력을 키워주며 리더십 기술을 길러주는 데 목표를 두고 있다. 10대들의 리더십을 높이는 모멘텀에서 실시하는 여러 가지 워크숍과 프로그램에서는 10대들이 책임감과 자신감을 가지고 지역사회와 세계에 기여하는 사람이 되도록 돕는 수단과 경험을 제공한다.

폴 오팔리어

www.paulorfalea.com

폴 오팔리어는 세계 선두 사무용품과 비즈니스 서비스 체인점 킨코스를 세운 창업자. 그 후 킨코스의 지분을 처분한 폴은 시간을 쪼개어 대학교수로서 지식과 경험을 전하는 한편 다양한 자선활동을 펴고 있다.

오팔리어 재단

www.orfaleafoundation.org

폴이 이끄는 **오팔리어 재단**은 다른 이들이 자신의 강점을 찾도록 힘을 불어 넣는 데 노력을 기울이고 있다. 이곳에서 지원하는 프로그램 중에는 혁신적인 조기교육, 의욕적인 학생을 위한 고등학교 프로그램, 수천 명에게 지급되는 고등교육 장학금, 선택받은 대학 프로그램에 제공하는 기금 등이 들어 있다. 또한 폴은 어려운 처지에 있는 한 부모 가정을 돕고 어린이에게 건강한 학교 급식이 제공되도록 하는 데에도 헌신적인 노력을 쏟고 있다.

G. M. 라오

www.gmrgroup.in

G. M. 라오는 인도 방갈로르에 기반을 둔 세계적인 에너지 및 사회기반시설 개발 회사 GMR 그룹의 창업자이자 회장이다. 선견지명이 있는 지도자 라오 씨는 최근 들어 회사 사업 방향을 발전 장치, 고속도로, 공항 등과 같은 국가 자산 건설이나 도시 개발로 돌리고 있다.

GMR 바랄라크쉬미 재단

www.gmrgroup.in/foundation.html

라오는 기업의 사회적 책임을 강력하게 주장하며, 지역사회에서 문제가 되는 기본적인 사회 편의시설의 부족과 절망적인 빈곤을 해결하기 위해 GMR 바랄라크쉬미 재단을 설립했다. 이 재단에서는 모든 사람이 양질의 교육을 받을 수 있도록 노력하고 있다. 또한 병원, 의료 진료소, 앰뷸런스 등을 제공하여 건강 문제를 해결했다. 진취적인 청년을 위해 직업 훈련 기관과 사업 관련 프로그램을 제공함으로써 자영업을 시작할 수 있는 기회를 만들어줬다.

아나스타샤 소아레

www.anastasia.net

아나스타샤 소아레는 최고의 눈썹 관리 전문가로 평가받고 있으며 미용 산업의 아이콘으로 떠올랐다. 독보적인 눈썹 모양 다듬기 기술 덕분에 아나스타샤는 헐리웃의 내로라하는 사람들이 망라된 부러운 고객층을 확보했다. 비벌리힐스와 브렌트우드에 주력 살롱을 운영하고 있다. 또한 전 세계 최고급 백화점에 아나스타샤 눈썹 스튜디오가 입점해 있으며, 다양한 눈썹 관리 제품과 메이크업 제품을 독점적으로 직접 개발하여 출시했다.

아나스타샤의 보다 밝은 지평선 재단

www.anastasiafoundation.org

위탁 보육 시설을 나온 젊은 성인들이 미용 및 피부 관리 분야에서 경력을 쌓을 수 있도록 **아나스타샤의 보다 밝은 지평선 재단**에서 장학금을 지급하고 있다. 또한 미용 학교 교육, 인턴, 실무 훈련, 취업 소개를 돕기 위해 돈과 후원을 제공하고 있다. 이 재단은 자활 기반을 마련해주고 미래를 위한 재단을 만드는 것을 목표로 삼고 있다.

더 읽을거리
히어로의 기고자들이 추천하는 책

레인 비츨리

Beneath the Waves

레인 비츨리가 '자기 확신'의 힘이 얼마나 대단하고 중요한지를 이야기한다. 자신의 경험담
이 담겨 있는 책이다.

Publisher: Random House Australia, 2009

피터 버워시

Becoming the Master of Your D-A-S-H

개인적 일화와 삶에 대한 깨달음을 얻은 사람의 현명한 조언이 담겨 있다. 우리의 삶의 여정을
풍부하게 할 근본적인 지침을 제공한다.

Publisher: Torchlight Publishing, 2007

Dear Teenager

10대들이 신체적으로, 정신적으로, 영적으로 건강하게 성장하도록 돕는 데 꼭 필요한 조언들을
담았다.

Publisher: Torchlight Publishing, 2008

레어드 해밀턴

Force of Nature: Mind, Body, Soul, And, of Course, Surfing

레어드 해밀턴이 세계에서 가장 큰 파도를 타는 서퍼 중 한 명이 될 수 있었던 데에는 이유가 있
다. 이 책에서는 그의 삶에 바탕이 된 자신만의 독특한 철학을 이야기한다.

Publisher: Rodale Books, 2008

매스틴 킵

Daily Love

Publisher: Hay House Publishing, release date 2014

리즈 머리

Breaking Night: A Memoir of Forgiveness, Survival, and My Journey from Homeless to Harvard

리즈 머리의 영감을 주는 이야기. 길거리 위에서 살아야 했던 시절부터 하버드 대학교를 졸업하기까지의 이야기를 담았다.

Publisher: Hyperion, 2010

폴 오팔리아

Copy This!: Lessons from a Hyperactive Dyslexic who Turned a Bright Idea into One of America's Best Companies

거의 읽지도 쓰지도 못하는 아이였던 폴 오팔리아가 성장한 뒤, 킨코스를 설립하여 15억 달러의 제국을 만들 수 있었던 비결이 들어 있다.

Publisher: Workman Publishing Co., Inc., New York©The Orfalea Family Foundation 2005

www.thesecret.tv

히어로

펴낸날	**초판 1쇄 2015년 6월 22일**
	초판 3쇄 2023년 6월 26일

지은이	**론다 번**
옮긴이	**하윤숙**
펴낸이	**심만수**
펴낸곳	**(주)살림출판사**
출판등록	**1989년 11월 1일 제9-210호**

주소	**경기도 파주시 광인사길 30**
전화	**031-955-1350**　　**팩스　031-624-1356**
홈페이지	**http://www.sallimbooks.com**
이메일	**book@sallimbooks.com**

ISBN	**978-89-522-3164-2　03320**

※ 값은 뒤표지에 있습니다.
※ 잘못 만들어진 책은 구입하신 서점에서 바꾸어 드립니다.